イラストで読む
新約聖書の物語と絵画

杉全美帆子

河出書房新社

contents

はじめに

『新約聖書』と聞いた時、どんなことが書いてある本を思い浮かべるでしょうか？　「イエス・キリストの物語でしょ」とか「クリスマスのことも書いてあるんじゃない？」「いやいや、宗教の本だから、神様のことについて書いてあるんだよ」などと、いろいろな意見が出てくるのではないでしょうか。

『新約聖書』は、『旧約聖書』と共に、イエス・キリストを信じるキリスト教の正典です。内容は、イエスの生涯と復活、昇天を記した「福音書」、イエスの弟子たちの行ったことを記した「使徒言行録」、弟子たちが書いたとされる「手紙」、世界の終末に関する預言が書かれた「黙示録」から成っています。

日本においてキリスト教を信仰する人は、総人口の一パーセントほど言われているので、『新約聖書』をよく知らない人が多くても無理はありません。しかし、キリスト教信者ではないけれど、西洋の文化や絵画鑑賞の理解のため『新約聖書』についてもう少し詳しく知りたいと思っている人は、けっこういるのではないでしょうか。

『新約聖書』は複雑な書物です。福音書には書き手の違いによって四つのバージョンがあり、同じエピソードでも、場所や登場人物などが異なっていることがあります。そのような時は「有名な絵がある」などの理由から、より知られているバージョンを優先し、時には融合させた形で取り上げました。またイラストの表現は、時代考証に基づく正しさよりも名画があればその表現に準じました。さらに、後世に加えられた物語(外典や聖人の物語)や、宗教画を見る時に知っていると役立つ情報なども盛り込みました。

約二千年にわたり、西洋のみならず、世界中に大きな影響を与え続けてきたキリスト教。その正典である『新約聖書』に何が書かれているのか、名画と共にたどることで、その理解の一助になれば幸いです。

ガイド役
洗礼者ヨハネ

Q 『新約聖書』って何？

旧約聖書と共にキリスト教の正典。イエスという人が言ったり行ったりしたことについて記された書。イエスのことを救世主だと信じる人々によって書かれた。

Q 「イエス」ってどんな人？

イエス・キリスト
Jesus Christ
（前6-4頃～後30）
「キリスト」…
ヘブライ語でメシア。
「油を注がれたもの」
＝「救世主」という意味
「イエス」…
ヘブライ語でヨシュア。
「主の救い」という意味で
当時一般的な名前
父・神
母・聖母マリア
養父・ヨセフ
ベツレヘム
生まれ
ナザレ育ち
30歳の頃
洗礼者ヨハネより
洗礼を受ける
約3年半、12使徒らを伴い
宣教活動を行う
アラム語
（ガリラヤの言葉）
を話す
33歳の頃
磔刑に
処せられる
埋葬後
3日目に
復活し、
さらに40日後、
昇天した
世界の終末の時、再臨して
最後の審判を行うと
黙示録にあり

Q 「キリスト教」ってどんな宗教？

イエスを神の子、救世主だと信じる宗教。

Q いつ書かれたの？

イエスの死後二十年たった西暦五十年頃から百年くらいまでの間とされる。四世紀後半に、たくさん書かれた文書の中から二七書を正典と定めた。原本はすでに失われ、写本が残っている。

舞台はローマ帝国時代！

フラ・アンジェリコ「キリストの磔刑」（部分）
1420-23年頃　メトロポリタン美術館　ニューヨーク

Q どんな内容で誰が書いたの？

合わせて27の文書から成る 新約聖書の構成

ヨハネの黙示録 ◀◀ **手紙（21通）** ◀◀ **使徒言行録** ◀◀ **福音書（4書）**

他の3人のは似てるけど、ボクのはだいぶ**独自**なんだよ。
大きな違いは、生誕について書いてるのは、**ぼくとマタイだけ。**
生前のイエスに会ったことがない
イエスの死から30年後くらいに、ぼくが**一番最初に**書いたよ！
同じイエスという人の物語なんだけど、**内容が微妙に違う**んだ。
12使徒
12使徒

④ **ヨハネ書** ← ③ **ルカ書** ← ② **マルコ書** ← ① **マタイ書**　この番号順で収録されている

似ているので**共観福音書**と呼ばれる

福音書

イエスの言葉や行いが書かれた書。4人の福音書記者がそれぞれ書いた。

おもにパウロから聞いた話をまとめたよ

筆者ルカ

使徒言行録

イエスが昇天した後、イエスの教えを人々に伝えるために弟子たちがどのような活動をしたかを伝える書。

ヨハネの黙示録

この書は非常に謎めいているよ

筆者ヨハネ

終末の時、イエスの再臨によって神が人間をいかに救済するかを象徴と寓話で表した書。

手紙、書きまくったぞ

パウロ

手紙

「手紙」は、おもにパウロが各地の教会や彼の協力者に宛てた書簡で、諸問題の解決をはかったり、信仰にくじけそうな信者を叱咤激励する内容が多い。他にペトロ、ヨハネなどの手紙もある。

Q 「旧約聖書」とは？その違いは？

両方ともキリスト教の正典

●旧約聖書＝神と人間との**古い契約**に関する書

●新約聖書＝神と人間との**新しい契約**に関する書

旧約聖書がこの世の始まりから紀元前六世紀くらいまでの何万年にもわたる（イスラエル民族の）歴史が書いてあるものなのに対して…
旧約代表モーセ
新約聖書はおもにイエスという一人の人物についての書物なのだ

旧約の主役は誰も見たことがない神なのに、新約の主役イエスは人間！

大きな違い！

人物相関図

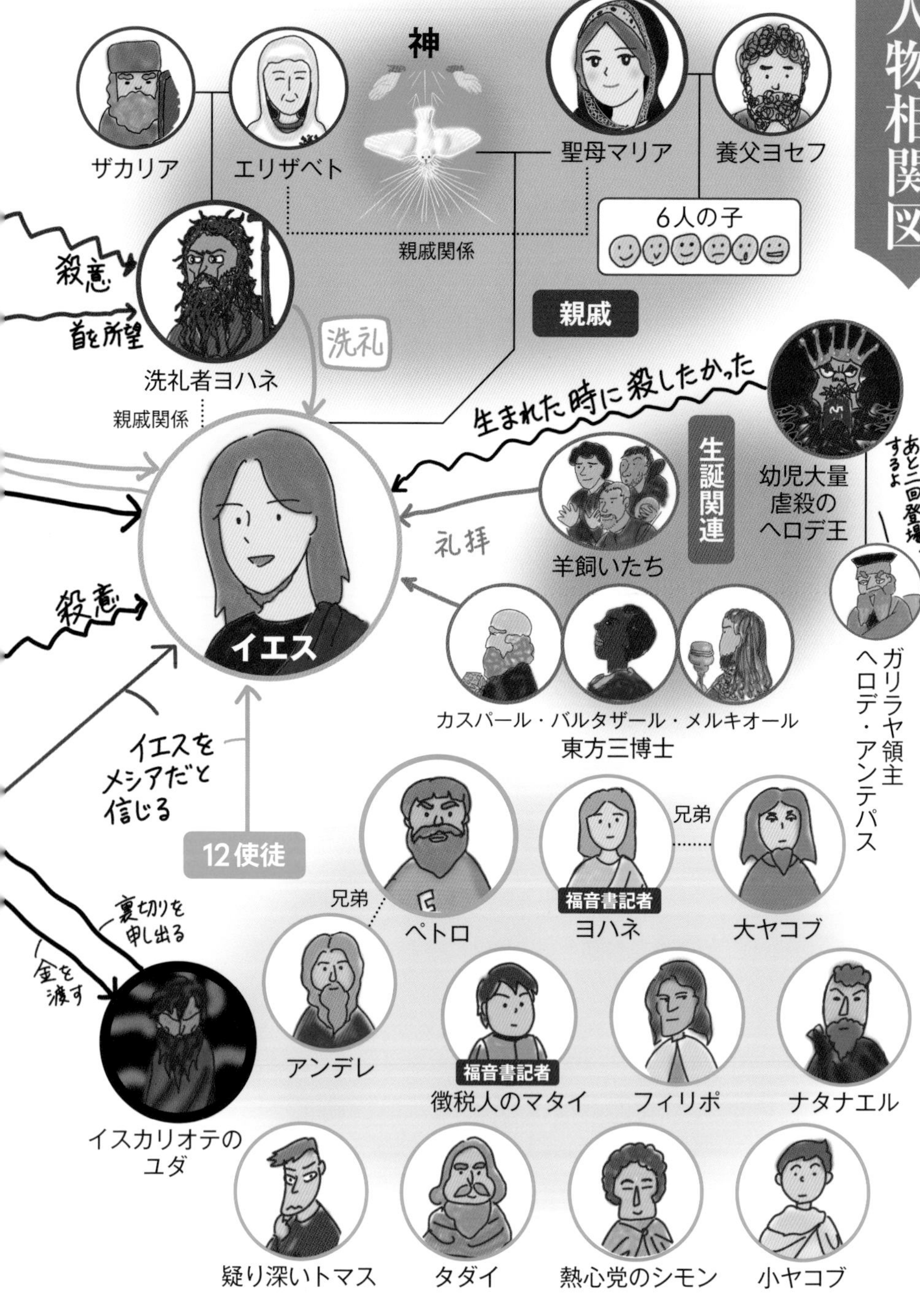
神
ザカリア
エリザベト
聖母マリア
養父ヨセフ
6人の子
親戚関係
親戚
殺意
首を所望
洗礼
洗礼者ヨハネ
親戚関係
生まれた時に殺したかった
生誕関連
幼児大量虐殺のヘロデ王
この図であと二回登場するよ
羊飼いたち
礼拝
殺意
イエス
ガリラヤ領主ヘロデ・アンテパス
カスパール・バルタザール・メルキオール
東方三博士
イエスをメシアだと信じる
12使徒
兄弟
兄弟
福音書記者
ペトロ
ヨハネ
大ヤコブ
裏切りを申し出る
金を渡す
アンデレ
福音書記者
徴税人のマタイ
フィリポ
ナタナエル
イスカリオテのユダ
疑り深いトマス
タダイ
熱心党のシモン
小ヤコブ

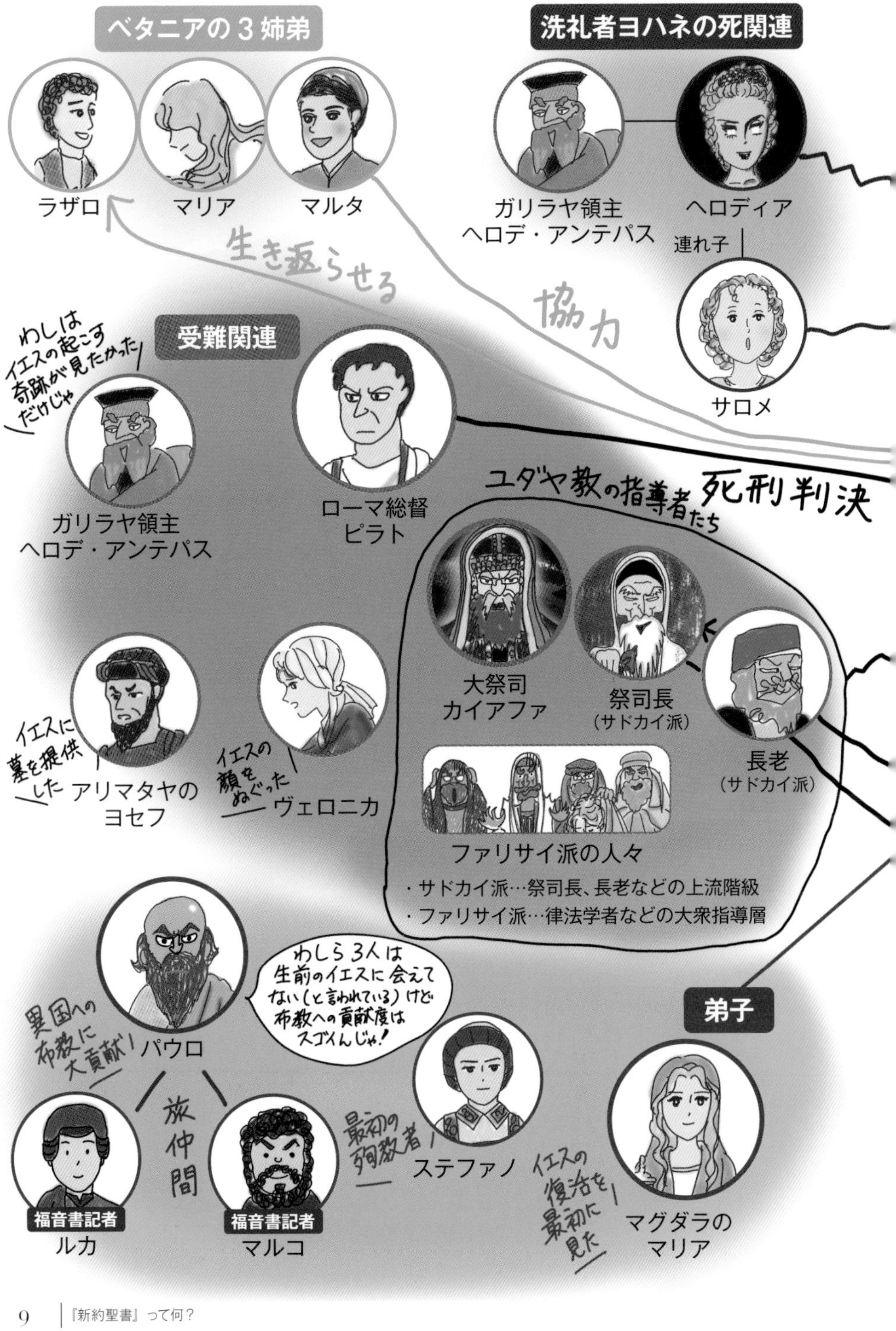

ベタニアの３姉弟
ラザロ
マリア
マルタ
生き返らせる
協力
洗礼者ヨハネの死関連
ガリラヤ領主
ヘロデ・アンテパス
ヘロディア
連れ子
サロメ
受難関連
わしは
イエスの起こす
奇跡が見たかった
だけじゃ
ガリラヤ領主
ヘロデ・アンテパス
ローマ総督
ピラト
死刑判決
ユダヤ教の指導者たち
大祭司
カイアファ
祭司長
（サドカイ派）
長老
（サドカイ派）
ファリサイ派の人々
・サドカイ派…祭司長、長老などの上流階級
・ファリサイ派…律法学者などの大衆指導層
イエスに
墓を提供
した
アリマタヤの
ヨセフ
イエスの
顔を
ぬぐった
ヴェロニカ
わしら３人は
生前のイエスに会えて
ない（と言われている）けど
布教への貢献度は
スゴイんじゃ！
異国への
布教に
大貢献
パウロ
旅仲間
福音書記者
ルカ
福音書記者
マルコ
最初の
殉教者
ステファノ
弟子
イエスの
復活を
最初に
見た
マグダラの
マリア

新約聖書のあらすじ

第1章 イエスの前半生

ベツルヘム及びその周辺の2歳以下の男児を全て殺せ!!
ズイッ
←大天使ガブリエル
ヒェー

ある日、マリアは大天使ガブリエルから神の子を宿したことを告げられます。

長年不妊だった親類のエリザベトも子を宿したと聞き、マリアは会いに行きます。エリザベトは後に洗礼者となるヨハネを産みました。

月が満ち、無事にイエスは誕生します。すぐにイエスの命が狙われる危機が訪れますが、エジプトに逃げて回避します。

イエスは健やかに成長し、成人しました。

第2章 イエスの宣教時代

イエスは三十歳になった頃、洗礼者ヨハネから洗礼を受けました。そして、荒野での修行を経て、神の教えを人々に説き始めました。

イエスは十二人を弟子（十二使徒）にスカウトし、彼らと共に立場の弱い人を励ましたり、病気の人を治すなどの奇跡を行いながら、各地で教えを説きました。

話に感動したり、奇跡を見た人々は、イエスを「旧約聖書に到来が予告されている**待望の救世主**」と信じるようになりましたが、それに脅威を感じたユダヤ教の指導者層はイエスを憎むようになりました。

第3章 受難・復活・昇天

ありがとう
いったいどういう人だ!?
ナザレから出た預言者イエスだ!!
ようこそ
オレにも
ふんでいいの?

イエスが宣教活動を始めて三年がたちました。ユダヤ教徒にとって最も大切な「過越《すぎこし》の祭り」を目前に、イエスたちはエルサレムの都に向かいました。

祭司長たちは、民衆がイエスたちを大歓迎する様子を見て大変な危機感を感じ、殺意を抱きました。

そんな中、十二使徒の一人のユダがイエスを裏切ることを決意します。

イエスは弟子たちとの最後の夕食の席で、その後に起こる出来事を預言し、最後の教えを説きました。

イエスは捕らえられ、ローマ総督ピラトによる裁判の結果、磔刑に処せられ埋葬されました。

死から三日目、イエスは預言していた通りに復活し、四十日間弟子たちの前に現れ、神の国について教えた後、天に上げられました。

第4章 弟子たちの働き

紀元前
4-6
0
前半生
30
頃
33
宣教時代
受難・最後の一週間
紀元後
60
弟子たちの働き
100

「使徒言行録」より

イエスが昇天した後、十二使徒（ユダの欠員は補充された）に聖霊が降《くだ》りました。

するとペトロたちは突然外国語が話せるようになり、それまでは持ち合わせていなかったような勇気が湧いてきて、イエスの教えを人々に広めようと立ち上がりました。

一方で、律法や権威への挑戦とみなすユダヤ教の指導者たち（祭司長やファリサイ派の人々）との対立が深まり、ステファノは最初の殉教者となりました。

また、もともとは熱心な律法主義者だったパウロも、イエスの声を聞いて回心し、広範囲にわたる宣教の旅を何度も行うなど、積極的な活動を展開しました。

「最後の審判」

本書では終末の時、イエスが再び現れ、人間の魂を裁く「最後の審判」についての絵のみ紹介しています。（P114-115）

「ヨハネの黙示録」より

『新約聖書』は「ヨハネの黙示録」で終わります。著者は十二使徒のヨハネ。福音書を書いたヨハネと同一人物とされています（諸説あり）。

世界の終末がテーマで、ヨハネが見た幻について難解な象徴、暗喩を用いて語られています。

「新約聖書が成立した時代」年表

50　100　150　200　250　300

一般史

ローマの平和

五賢帝時代

30頃　イエス処刑

64　ネロ帝、キリスト教徒迫害

66　第一次ユダヤ戦争

132　第二次ユダヤ戦争
ユダヤ人、エルサレムから追放

デキウス帝のキリスト教徒迫害

303　ディオクレティアヌス帝のキリスト教徒の大迫害

313　コンスタンティヌス一世のミラノ勅令
キリスト教を含むすべての宗教の信仰の自由を保障する

392　キリスト教、ローマ帝国の国教となる

キリスト教宣教活動・新約聖書に関する事項

50頃　使徒ペトロらはイエスの教えを口頭で伝達する活動をしていた（文書なし）

・パウロ宣教活動、手紙を多数書く
・マルコ、最初の福音書を書く
・ルカ、マタイ、ヨハネがそれぞれ福音書を書く
・ヨハネの黙示録

その他、多くの文書が書かれる

325　ニカイア公会議

367　『新約聖書』正典確定
27の文書が正典と確定され、それ以外は外典とされた

ポイッ
ペトロ
文書などいらぬ!! イエス様の教えは直弟子のわしが直接語って聞かせよう それが一番正しいに決まっとるんだから
しかし時代がたつにつれ
やっぱ文書いるでしょ
書いちゃお
オレ
マルコ→
じゃオレも書こーっと
マタイ
ヨハネ
ルカ

キリスト教にとって『新約聖書』はなくてはならない文書集です。しかし、最初の福音書（マルコ書）が書かれるまで、イエスの死より約三十年、さらに現在のような二七の文書を「正典」とする構成が確立するまでには、実に三百年以上時間がかかりました。

その理由は、まず生前イエスが何も書き残さなかったことにあります。そしてイエスの最も身近にいて、イエスの死後、精力的に宣教活動をした弟子のペトロたちも、イエスの教えを伝える方法は、口頭で直接語りかける「口承伝承」が最もふさわしい（読み書きができなかったこともありますが）と考えていたふしもあるようです。

しかし、徐々にイエスの教えや行ったことが書かれた文書の必要性が増していき、西暦百五十年頃まで多くの文書が書かれました。

紆余曲折あった後、四世紀中頃、選ばれた二七の文書から成る、『新約聖書』正典が確定されました。

イエスの生涯関連地図

おめでとうございます!
受胎告知
カナの婚礼
カナ
ナザレ
マグダラ
カファルナウム
ガリラヤ湖
弟子の召命
山上の説教
ヨルダン川
洗礼者ヨハネが洗礼活動を行っていた地域
復活
磔刑
ラザロの蘇生
ベタニア
エルサレム
エマオ
ベツレヘム
荒野
死海
イエスが洗礼を受けたとされる場所
エマオの晩餐
洗礼者ヨハネの死
オンギャ〜
エジプトへの逃避
生誕
荒野の誘惑
ヘロデ王の領土

新約聖書時代の地方名

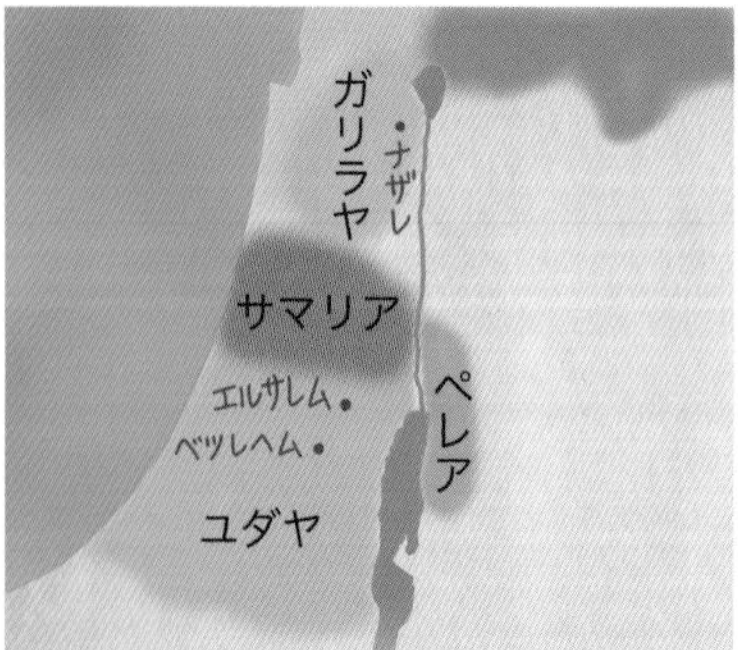
ガリラヤ
・ナザレ
サマリア
エルサレム・
ベツレヘム・
ペレア
ユダヤ

現在の地中海周辺

イタリア
ギリシア
トルコ
地中海
イスラエル
エルサレム
ヨルダン
リビア
エジプト

第1章

イエスの前半生

今から約二千年前、
地中海一帯は
ローマ帝国の領土であった。
ヘロデはローマから
ユダヤ王の称号を与えられ、
イスラエルを支配していた。
北の外れに位置するガリラヤの
ナザレという小さな村から
物語は始まる。

メムリンク 「キリストの降臨と勝利」 1480年 アルテ・ピナコテーク ミュンヘン

受胎告知

マリアは大天使ガブリエルより「神の子を宿した」と告げられる。

聖霊の象徴
白鳩

純潔の象徴
白百合…
フィレンツェのシンボル

平和の象徴
オリーブの枝…
シエナのシンボル

（天使が白百合ではなくオリーブの枝を持っているのはシエナとフィレンツェの対立を示している。この絵はシエナの大聖堂のために描かれた）

神の声を伝える
大天使ガブリエル

マリアが預言された聖母であることを記す書物（イザヤ書）

シモーネ・マルティーニ
「受胎告知」（部分）1333年
ウフィツィ美術館　フィレンツェ

天使の言葉　“Ave gratia plena Dominus tecum”
「おめでとう、恵まれた方。主はあなたと共におられる」

ナザレのヨセフ
大工
イエスの養父
マリアよりだいぶ年上
死については何も伝わっていない
大天使ガブリエル
神の言葉を伝えるメッセンジャー的役割の天使
聖母マリア
ヨセフと婚約中に処女で懐妊
イエスの生母
イエスを産んだ後6人の子を産む

1
神に遣わされた大天使ガブリエルは、ナザレに住むマリアのもとを訪れ、あることを告げた。
おめでとうございます!
ズイッ
恵まれた方。あなたは身ごもり男の子を産む。その子をイエスと名付けなさい。
ハッ
ポロッ
2
驚いたマリアは天使に尋ねた。
私はまだ男の人を知りませんのになぜ、そのようなことが起きましょうか?
大工のヨセフと婚約はしてますが…
結婚はまだですし…
3
天使は答えた。
あなたの親類のエリザベトも不妊の女と言われていたが、身ごもっておりすでに6カ月…。神に不可能はない。
お、お言葉のままに…
ヒェ〜
4
ヨセフはいいなずけのマリアの妊娠に驚き、婚約解消を考えたが、天使が夢に現れ諭した。
ヨセフよ、恐れずにマリアを妻に迎えなさい。マリアは聖霊によって子を宿したのです。
ハ、ハイ!
ガバッ
やっぱり婚約解消かなぁ…

この絵では
もうイエスは
生まれている→

大丈夫、大丈夫!
あの子は民を救う子になるよ
う〜む…これでほんとによかったんだろうか
←まだ悩むヨセフ

ジェラルド・セーヘルス
「聖ヨセフの夢」
1625-30年頃
美術史美術館　ウィーン

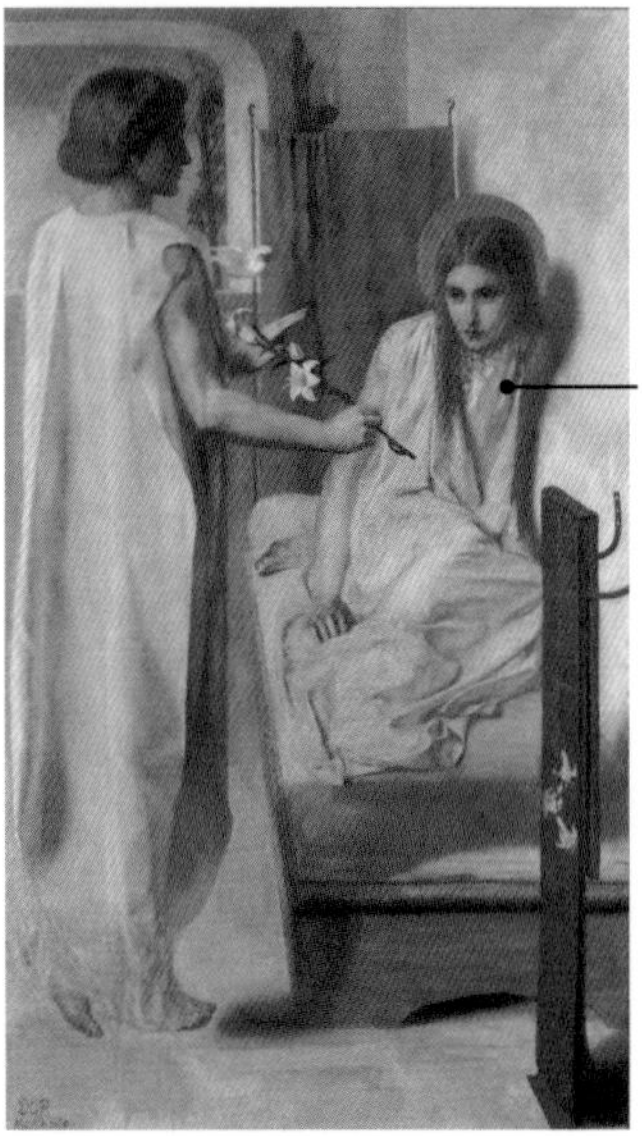

生身の人間らしく描かれたマリア、突然の告知に動揺を隠せず…

ロセッティ　「受胎告知」　1850年
テート・ブリテン　ロンドン

大聖堂の中での告知ね!
私の羽の色も
ゴージャスな七色

建物に対して人物がとても大きいが、登場人物の重要性と大きさが比例するのがフランドル絵画の特徴

ヤン・ファン・エイク　「受胎告知」　1434 - 36年
ナショナルギャラリー　ワシントン

天使のセリフ

AVE GRÃ PLENA
「恵まれた方よ」

ECCE ANCILLA DÑI
「私は主のはしためです」

マリアのセリフはなんと
神が見やすいように上下が
逆になっている!!

イエスが旧約聖書の系譜に属することを示唆する床の絵

「サムソンの神殿破壊」

「ダビデのゴリアテ退治」

エリザベト訪問

1 告知を受けたマリアは妊娠したという エリザベトに急いで会いに行った。

エリザベト、お久しぶりです!!
まあ!
あなたの声を聞いたら お腹の子が喜んでおどったわ
あなたも子供も祝福されているのね

マリアは三カ月間、エリザベトの家に滞在した。

マリオット・アルベルティネッリ 「聖母のエリザベト訪問」 1503年 ウフィツィ美術館 フィレンツェ

2 月が満ちて、エリザベトは後に洗礼者ヨハネとなる男の子を出産した。

この子の名は神の仰せの通りに
"ヨハネ"としなければ
父ザカリア
命名
ヨハネ

ギルランダイオ 「洗礼者ヨハネの誕生」 1486-90年 サンタ・マリア・ノヴェッラ教会 フィレンツェ

3 ヨハネはすくすくと成長した。そして再び人々の前に現れるまで、荒野で過ごした。

行ってまいります~!
もじゃもじゃ
葦《あし》の十字架
らくだの毛衣《けごろも》
革帯
ガンバレよー
いなごが主食

荒野でいなごと蜜を食べながら頑張ったよ

フィリッポ・リッピ 「幼な子キリストへの礼拝」 (部分) 1463年頃 ウフィツィ美術館 フィレンツェ

羊飼いの礼拝・東方三博士の礼拝

まず羊飼い、そして東方三博士が救世主の誕生を祝いに訪れた。

青い服に青い羽は
ケルビムという位の高い天使
羊飼いたちにイエスの
誕生を知らせる天使
謎の光源で光る
天使
廏舎の牛とロバ
養父ヨセフ
珊瑚の髪飾りは
イエスの受難の象徴
地面に置かれた
イエスは謙遜の象徴

ヒューホ・ファン・
デル・フース
「羊飼いの礼拝」
1477-78年頃
ウフィツィ美術館
フィレンツェ

東方三博士と貢物

イエス
羊飼いたち
カスパール
老人・アジア
（黄金）
バルタザール
壮年・アフリカ
（乳香《にゅうこう》）
メルキオール
青年・ヨーロッパ
（没薬《もつやく》）

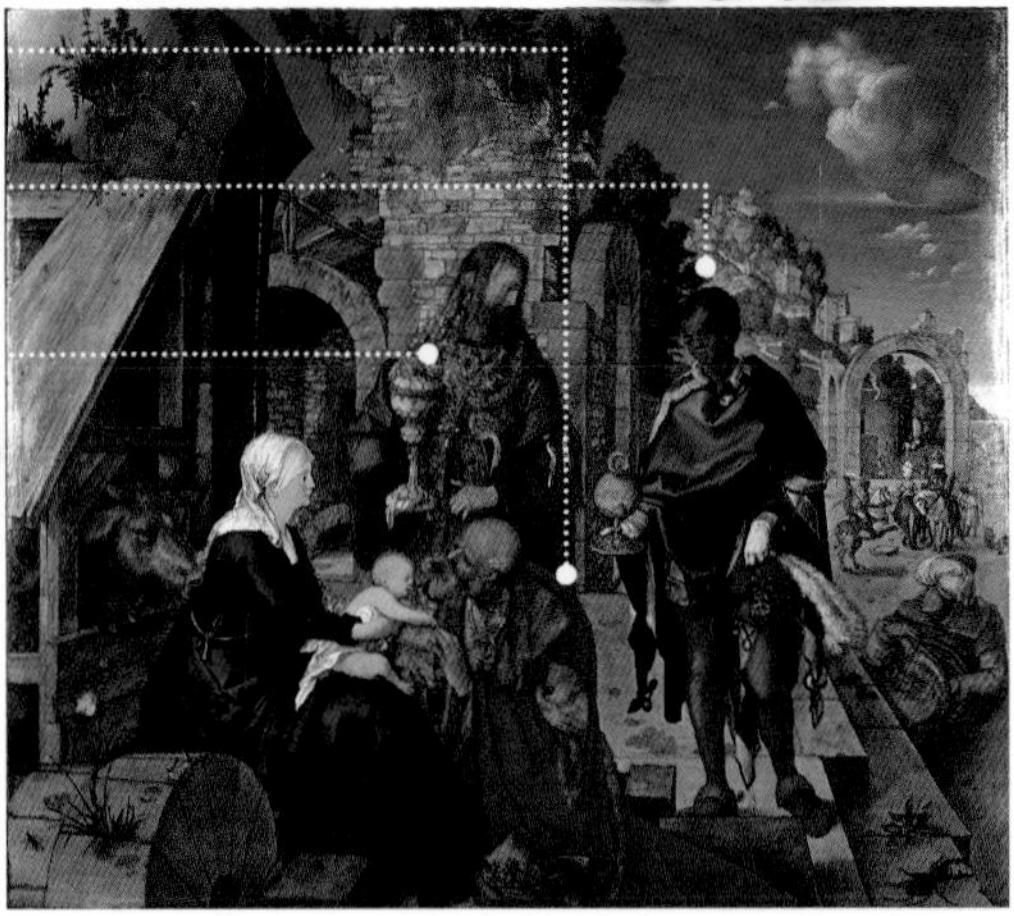

デューラー 「東方三博士の礼拝」
1504年 ウフィツィ美術館
フィレンツェ

1 マリアの臨月が近づいている頃、皇帝アウグストゥスが全住民に対し、住民登録をするよう勅令を出した。

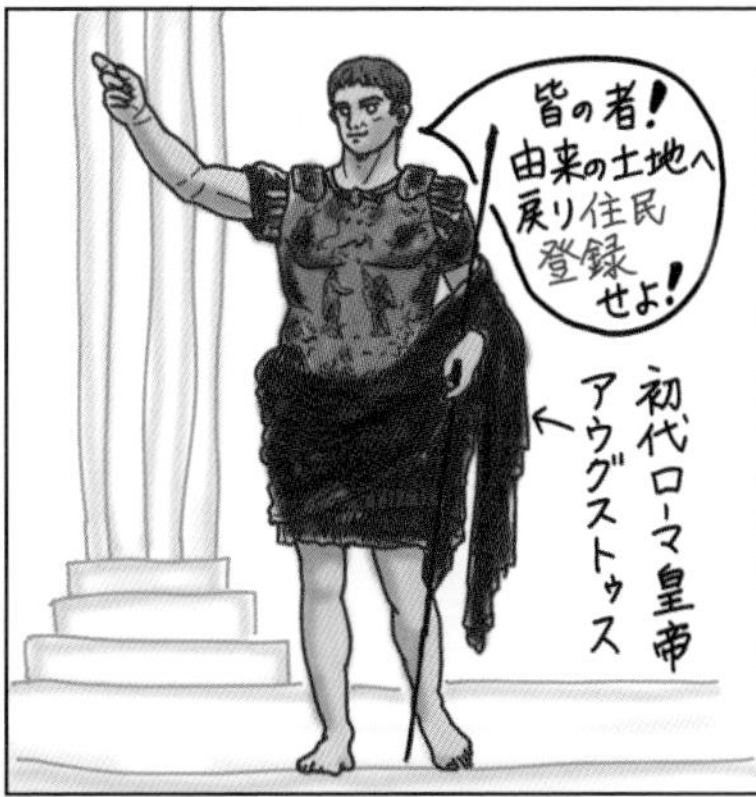
皆の者！
由来の土地へ戻り住民登録せよ！
初代ローマ皇帝アウグストゥス

2 ヨセフはマリアをつれてナザレから故郷ベツレヘムに戻った。

レバノン
シリア
地中海
ナザレ
ガリラヤ湖
ベツレヘム
死海
イスラエル
エジプト
ヨルダン
※点線は現在の国境

3 ベツレヘムについたが、空いている宿が見つからなかった。その夜、マリアは産気づいて男の子を産んだ。

ヤッタ!!
オンギャ〜
カルロ・マラッタ　「聖なる夜」　1656年頃
ドレスデン美術館　ドレスデン

4 夜通し羊の番をしていた羊飼いのもとに天使が現れ、イエスが生まれたことを告げた。羊飼いたちは急ぎ、幼子のもとに向かった。

ダビデの町で救世主《メシア》がお生まれになりました
そいつは大変だ！
天使様…ヒェ〜
ギルランダイオ　「羊飼いの礼拝」　1485年
サンタ・トリニタ聖堂　フィレンツェ

向かってくる三博士たちの列

1 東方の三博士は、ユダヤの方角に現れた新しい星を見てユダヤ人の王の出現を知り、王を探しにエルサレムにやって来た。

こりゃ ただごとじゃ ござらんぞ!!

2 謁見したヘロデ王は、その子が見つかったらぜひ知らせるよう三博士に頼んだ。

どうやらそのメシアはベツレヘムでお生まれのようですぞ。見つけたらぜひ知らせてくだされ。私も行って拝みたいのでな。
わかりました
見つけ次第殺ス

3 大きな星は三博士を導いていき、イエスの生まれた場所で止まった。

ここに違いない!

アルブレヒト・アルトドルファー「キリストの降誕」一五一一年頃 ベルリン国立絵画館 ベルリン

4 三博士はそれぞれの贈り物を幼子イエスに献げた。

キリストの王権への敬意 乳香
キリストの神性への敬意 黄金
死の予兆 没薬
メルキオール
バルタザール
カスパール

前のめりに駆けつける三博士たち

ここに名前が記されているので見分けられる!

メルキオール
+SCS BALTHASSAR +SCS MELCHIOR +SCS GASPAR
救世主が
お生まれになった
お祝いを届けねば!
バルタザール
カスパール

「3人のマギ」 565年頃 サンタポリナーレ・ヌオヴォ聖堂 ラヴェンナ

三博士のイエスへの誕生日プレゼントが、クリスマスプレゼントの原型といわれている（諸説あり）

豪華絢爛！ 金がふんだんに施された超ゴージャス「東方三博士の礼拝」

ジェンティーレ・ダ・ファブリアーノ 「東方三博士の礼拝」
1423年 ウフィツィ美術館 フィレンツェ

祭壇・全体図

←プレデッラ（裾絵） 左から「生誕」、↑「**エジプトへの逃避**」、「神殿奉献」

5 三博士はヘロデ王の元へは戻らず、そのまま自分たちの国に帰って行った。

6 三博士が寄らずに帰ったと知りヘロデ王は激怒。恐ろしい命令を下した。

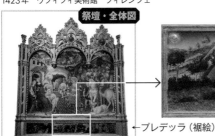

エジプトへの逃避

ヘロデ王の魔の手から逃れるためにエジプトへ旅立つ。

1 三博士たちが帰ったあと、ヨセフは天使の夢を見た。

すぐに起きて母と子を連れてエジプトに逃げなさい。ヘロデがこの子を探し出して殺そうとしている。
ギン

2 ヨセフは飛び起きて、その夜のうちに出発した。

またお告げがあるまで戻ってはいけないそうだ
ババババ

さあ、こちらです
先導する養父ヨセフ
キリッとしたマリアの表情に覚悟がうかがえる
今も昔も抱っこひもは子育て必須アイテム

ジョット 「エジプトへの逃避」 1304-06年頃
スクロヴェーニ礼拝堂 パドヴァ

ジョットによって描かれたこの「横向きの聖母マリア」は、画期的な図像だった（中世では「聖母マリア」は正面でしか描くことが許されなかった）。

旅の途中、休憩している場面もよく描かれたよ
おーいヨセフ 楽譜持ってー（天使）
フ〜 やれやれ…

聖母子のために音楽を奏でる天使
ずっと働くヨセフ
ちゃんと譜面が見えるように持って！
はい！
♪♬♫
くかー

カラヴァッジョ
「エジプトへの逃避途上の休息」
1594-96年頃 ドーリア・
パンフィーリ美術館 ローマ

幼児虐殺

ベツレヘムとその周辺の村では、ヘロデ王の命による「幼児虐殺」が行われた。

2歳以下の男児は皆殺しだー!!

ヘロデ王

ジョット　「幼児虐殺」　1304-06年頃
スクロヴェーニ礼拝堂　パドヴァ

→かわいそうな子供たちの死骸の山

→恨めしそうな母親たち←

最後の1人か

作者不詳　「幼児虐殺」
1350年頃
大英図書館　ロンドン

↑全員首を切り離されている

割礼

生後八日目、イエスはユダヤ人の宗教儀礼である「※割礼」を受けた。

痛くない痛くない
ちくっとしますよ～

グイド・レーニ　「キリストの割礼」(部分)
1640年頃　サンマルティーノ　シエナ

イテテ…
日本人にはなじみの薄い習慣だけど、今もユダヤ人だけでなく、世界各地で、特にアメリカの赤ちゃんは多くやってるらしいよ

※ペニスの先の包皮を切る行為

神殿奉献

両親は、モーセの律法に従い、イエスをエルサレムの神殿に連れて行った。そこで出会ったシメオンという人が、イエスを見て「この子が待望したイスラエルの救い主である」と告げたので両親は驚いた。

私は救い主を見るまでは死なないと告げられている者です。この方に会えて光栄です。
あらまぁ
マリア
シメオン

ジョヴァンニ・ベッリーニ　「神殿奉献」　1460年
クエリーニ・スタンパリア美術館　ヴェネツィア

幼少期のイエス

イエスはたくましく、賢く、すくすくと育っていった。

エジプトからナザレに
戻ってきたよ
ナザレ
在住
宗教学者も論破するような
才気走った子供だった
大工の息子として育つ

仕事をする養父ヨセフの手元を照らすイエス

木材は磔刑を暗示

ラ・トゥール 「大工の聖ヨセフ」 1640年頃
ルーヴル美術館 パリ

イエスの手の傷から滴り落ちてる
血は足にもついている（磔刑を暗示）

鳩（聖霊を暗示）

傷を洗うための
水を運ぶ洗礼者ヨハネ

マリアの母アンナ
養父ヨセフ
助手
聖母マリア
イエス

ジョン・エヴァレット・ミレイ 「両親の家のキリスト」 1849-50年 テート・ブリテン ロンドン

1 イエスの一家は、例年通り大勢の人たちと「※過越《すぎこし》の祭り」をエルサレムで過ごした。そして帰路についたが、丸一日歩いてからイエスの姿が見えないことに気づいた。

一緒に帰路についたはずのイエスがいない
12歳
さあ帰ろう

2 両親は知人や親類の間を捜し回ったがイエスは見つからず、三日後にエルサレムまで引き返してきた。

うちの子見てませんか?
見てないね~
イエス~~
どこにいるのだ出てきておくれ~~

3 なんとイエスは神殿の境内の真ん中で学者たちを相手に問答をしていた。周りの人々はイエスの賢さに驚いていた。

かなわんな~

ヴェロネーゼ 「学者たちと議論するイエス」 1560年頃 プラド美術館 マドリード

4 母マリアは、なぜこのようなことをしたのか、とイエスを問い詰めた。

なんてことしてくれたの!? お父さんやお母さんがどれだけ心配したかわかってるの!?
まぁまぁ…
←イエス

5 イエスは、

なぜ捜したのですか。私が父の家にいるのは当たり前じゃないですか!
なにを
神殿が父の家…
やっぱりわしは父じゃないのね…

と答えた。両親は意味がわからなかったが、母マリアはこの出来事を後々まで忘れなかった。

※ユダヤの三大巡礼祭の一つ。最も重要な春の祭りで七日間続く。各地から多くの人がエルサレムの神殿に巡礼した。

新約聖書中、人気NO.1テーマ

聖母子

←こんなところに歌う二人の天使が！
建物の高さから推定すると聖母の身長は最低でも十五メートル以上
ママ、大きいね
細密描写

ヤン・ファン・エイク　「教会の中の聖母子」
1440年頃　ベルリン国立絵画館　ベルリン

ぼくは赤ちゃんの可愛らしさより神の子としての威厳を重視したタイプさ
威厳！
母子共にどーんと立派なお姿です～

ジョット　「オンニサンティの聖母」　1300-05年頃
ウフィツィ美術館　フィレンツェ

やっと可愛い赤ちゃんタイプ登場
重そうな子だけど軽々抱っこよ
正統派

ラファエロ　「大公の聖母」　1506年頃
パラティーナ美術館　フィレンツェ

いろんな"丸み"が呼応している！
おでこ
おっぱい
真珠
天使の顔やおしり
青い天使もお見逃しなく！
イエスの丸顔
個性派！

フーケ　「ムランの聖母子」　1454-56年頃
アントウェルペン王立美術館　アントウェルペン

聖母子と幼小期の洗礼者ヨハネ

きれいなお母さんですね
でしょ
フフフ

ラファエロ 「小椅子の聖母」 1513年
パラティーナ美術館 フィレンツェ

いとこ(orはとこ)同士だったという説もある二人
さあ私の盃を受けたまえ
いただきますっ

ムリーリョ 「幼児キリストと洗礼者聖ヨハネ」
1670年頃 プラド美術館 マドリード

ぼくらの見分け方は「毛衣」「葦《あし》の十字架」より「くせっ毛」の方が洗礼者ヨハネだよ
年下なのにちょっと上から目線な態度の方がイエスかな

アラアラ
ブチュー
よしよし
ムギュ〜

ボッティチェリ 「聖母子と洗礼者聖ヨハネ」
1505年頃 パラティーナ美術館 フィレンツェ

ありがたや
祝福!

レオナルド・ダ・ヴィンチ 「岩窟の聖母」 1495-99年及び
1506-08年 ナショナルギャラリー ロンドン

ジョットのスクロヴェーニ礼拝堂の傑作フレスコ画で見る
【外典】聖母マリア伝

1304-06年頃
パドヴァ

聖母マリアの母アンナと父ヨアキム

❶ 神殿から追い出されるヨアキム

お前の捧げ物なんかいらん！
入ってくるな！
え～、ひどいです涙

ヨアキムは子供がいないため、神殿で捧げ物を受け取ってもらえず追い出される。

❷ ヨアキムと羊飼いたち

捧げ物も受け取ってもらえず…
恥ずかしくて家にも帰れません…
どしたの？
おじさん

絶望して羊飼いと荒野をさまようヨアキム。

❸ アンナへの天使の告知

願いは届いた。
お前は孕むだろう
私の子は生涯神に仕えるでしょう

長年不妊だったヨアキムの妻アンナ、天使から受胎を告げられる。

❹ 犠牲を捧げるヨアキム

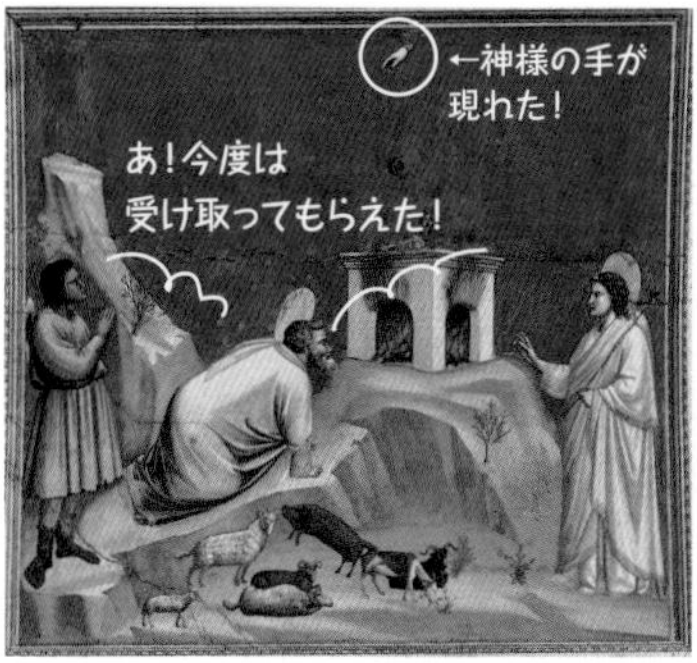
←神様の手が現れた！
あ！今度は受け取ってもらえた！

ヨアキムが再度神に捧げ物をしてみたところ、今度は受け取ってもらえる。

❺ ヨアキムの夢

奥さんが赤ちゃんを産みますよ！

ヨアキムも天使から妻の妊娠を告げられる。

❻ 金門の出会い

よかった、よかった…

夫婦は金門で再会し、子供が生まれることを喜びあった。

お話は聖母マリアの両親の物語から始まる。マリアもまた神のお告げを受けて生まれた子供だったのじゃ。

ルネサンスの第一人者
ジョット

聖母マリアの誕生

❼ マリアの降誕

アンナ、無事にマリアを出産。

赤ちゃんが生まれた時は、
いつの時代も
大忙しじゃの

聖母マリアの神殿奉献

❽ マリアの神殿奉献

マリア３歳の時。両親に神殿に連れてこられたマリアは15段の階段を登っていった。この時より、マリアは神殿で暮らした。

聖母マリアの夫選び・結婚

マリアの人生はこの後「受胎告知」、「イエスの出産」と続く

❾ 求婚者の祈願

聖霊が降りてくるのを待っている→

マリア14歳の時。司祭がマリアの夫を選ぶため独身の男性を集め、各々杖を持ってこさせた。すると大工のヨセフの杖に花が咲いた。

ドキドキ、ワクワク

神意が告げられるのを
待つ場面の絵は
とても珍しいぞ

❿ マリアとヨセフの結婚

ヨセフはマリアよりかなり年上だったので、最初は辞退しようとしたが、神の意に従いマリアと婚約を取り交わした。

少し先の話ですが… 聖母のその後

聖母被昇天

これで最後です～
行ったり来たり、大変だわー
マリアさまーー！

ティツィアーノ 「聖母被昇天」
1516-18年頃 サンタ・マリア・グロリオーザ・デイ・フラーリ聖堂 ヴェネツィア

聖母マリアの魂は、夜明けとともに肉体を離れ、イエス、天使、聖人らに伴われて天に昇っていった。埋葬から三日後、再びイエスが現れるとマリアの魂が肉体に戻り、天使にともなわれて天に昇っていった。

イエスの死から12年後 聖母の死

お母さん、お疲れ様でした
聖母様も逝ってしまわれる…

ヒューホ・ファン・デル・フース 「聖母の死」 1475年頃
グルーニング美術館 ブリュージュ

天使から死の告知を受けたマリアが「もう一度使徒たちに会いたい」と願うと、雲に乗った使徒たちがあっという間に集まり、マリアの臨終を看取った。

聖母戴冠

ホント お互い大変だったわね～
僕のせいで 大変な人生になってしまって スミマセン…

フラ・アンジェリコ 「聖母の戴冠」
1432年頃 ウフィツィ美術館
フィレンツェ

天に昇った聖母マリアの魂は、イエスに迎えられ、至高の玉座についた。

第2章

イエスの宣教時代

ヘロデ王の死後、
ローマ帝国はヘロデ王の
三人の息子に領土を分割した。
ガリラヤとペレア地方は
ヘロデ・アンテパス（父と同名）が
領主となったが、間もなく
ローマは直接支配を決め、
ローマ人の総督が
送り込まれた。

ロヒール・ファン・デル・ウェイデン　「洗礼者聖ヨハネの祭壇画」　1455年頃　ベルリン国立絵画館　ベルリン

洗礼

ユダヤ教では水に浸かったりふりかけられる儀式があった。それは浄化や再生を意味した。

イエスの頭上にまっすぐ降りてきている聖霊の象徴としての鳩
三人の天使が立ち会っている
イエスより前方はなぜか川底が描かれている

鏡のように周りの背景を映し出している水面

服を脱いでいる人の描写がリアル

ピエロ・デッラ・フランチェスカ
「キリストの洗礼」
1437年以降　ナショナル・ギャラリー　ロンドン

洗礼者ヨハネの典型的な描かれ方
くせっ毛
革帯
ラクダの毛衣
葦の十字架
はだし

ジョヴァンニ・デル・ビオンド　「洗礼者の祭壇画」(部分)
1360年頃　ウフィツィ美術館　フィレンツェ

およそ三十歳のイエス
私にも洗礼お願いします
洗礼者ヨハネ
ピンピンくせっ毛
のび放題のひげ
い、いらっしゃいましたな…
葦の十字架
イザヤ書で登場が予告されていた預言者
イエスの先駆者
子羊と共にいることも
ラクダの毛衣
革帯
たいていはだし
悔い改めた人々に洗礼を施した

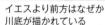

イエスの先駆者、洗礼者ヨハネ

ヒエロニムス・ボス　「荒野の洗礼者聖ヨハネ」　1490年頃
ラサロ・ガルディアーノ美術館　マドリード

そろそろ行くか〜？

蝮《まむし》の子らよ!!
悔い改めよ!!
天の国は近づいた!!

1 神の言葉を受けた洗礼者ヨハネが説教を始めると、群衆が押しかけた。

預言者か？
もしかして…救世主なのか!?
誰だ？あれは

2 説教を聞いた人々は罪を告白し、ヨルダン川でヨハネから洗礼を受けた。民衆は救世主を待ち望んでいた。

ここに洗礼者ヨハネ
これがイエス
私はその方の履物のひもを解く値打ちもない
ほんとだべか？
救世主だと？

ピーテル・ブリューゲル　「説教をする洗礼者聖ヨハネ」　1566年　ブダペスト国立西洋美術館　ブダペスト

大人気

見分けやすさナンバーワン聖人
洗礼者ヨハネいろいろ

私みたいなのが伝統的なスタイルです

ドゥッチョ　「荘厳の聖母」（部分）
1308-11年　シエナ大聖堂付属美術館　シエナ

こんな
美少年バージョンも
あるんだけど…

アンドレア・デル・サルト　「洗礼者聖ヨハネ」　1523年頃
パラティーナ美術館　フィレンツェ

怪しさナンバーワン★
さすがダ・ヴィンチ！
型に縛られないね

レオナルド・ダ・ヴィンチ　「洗礼者ヨハネ」
1508-19年頃　ルーヴル美術館　パリ

荒野で修行してきた感じがよく出てるね

エル・グレコ　「洗礼者聖ヨハネ」　1600年頃
サンフランシスコ美術館　サンフランシスコ

洗礼者ヨハネがイエスのことを「世の罪を取り除く神の子羊」と呼んだことから、子羊と共に描かれることも多い

イエスの洗礼

マゾリーノ 「キリストの洗礼」 1430年頃 カスティリオーネ・オローナ洗礼堂 ロンバルディア州

1 民衆は洗礼者ヨハネが待ち望んだメシアなのではないかと考えたが、ヨハネは否定した。

私よりも優れた方が、後から来る。
あなたこそが…!
とんでもない
ハッ

2 そこへイエスがヨハネから洗礼を受けたいとやって来たが、ヨハネは思いとどまらせようとした。

そ、そんな! 私こそあなたから洗礼を受けるべきなのに…!
今は止めないでほしい
めめめ、めっそうもない!

3 イエスは洗礼を受け、水から上がった。

では
ダ・ヴィンチ画

ヴェロッキオ(一部レオナルド・ダ・ヴィンチ)「キリストの洗礼」 一四七〇-七五年頃 ウフィツィ美術館 フィレンツェ

4 その時、天が開け、聖霊が鳩のように降りてくるのが見え、天から声が聞こえた。

これは私の愛する子、
私の心に適《かな》う者
お〜〜

荒野の誘惑

悪魔はあの手この手でイエスを試した。

1 洗礼を受けた後、イエスは聖霊に導かれて荒野に行き、四十日間断食をした。
〜ウゥ…さすがにおなか減ってきたナ…〜
2 そこへサタンがやって来て、イエスを誘惑し始めた。
よぉよぉイエスさんよ

誘惑 その一
腹減ってるんだろ〜？
神の子ならこの石に「パンになれ」と命じたらどうだ！

人はパンだけで生きるものではない。神の言葉で生きる。
なに〜
頭に角《ツノ》！

ファン・デ・フランデス「荒野の誘惑」一五〇〇年頃 ナショナルギャラリー ワシントン

誘惑 その二
神の子なら飛び降りたらどうだ！
聖書によると神が天使に命じて支えてくれるらしいぜ
聖書を熟読したらしい
神を試してはならない。
とも書いてある。
〜なにィ!?

ボッティチェリ 「キリストの誘惑」(部分)
1480-82年 システィーナ礼拝堂 ヴァチカン

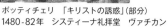

誘惑 その三
繁栄する世界と権力！
コレでどうだ！
わしを拝むなら
この世の全てを与えよう!!

退け、サタン!!
「神のみを拝み、神のみに仕えよ」
と書いてある！
ひえ〜

イエスや悪魔が町より巨大なのは、「重要なものをより大きく描く」という中世のならわしによるもの

繁栄するシエナの町（画家の出身地）

ドゥッチョ　「山頂でのキリストの試練」　1308-11年　フリック・コレクション　ニューヨーク

サタンが離れていくと、天使たちがやって来てイエスに仕えた。

三つの誘惑・網羅バージョン

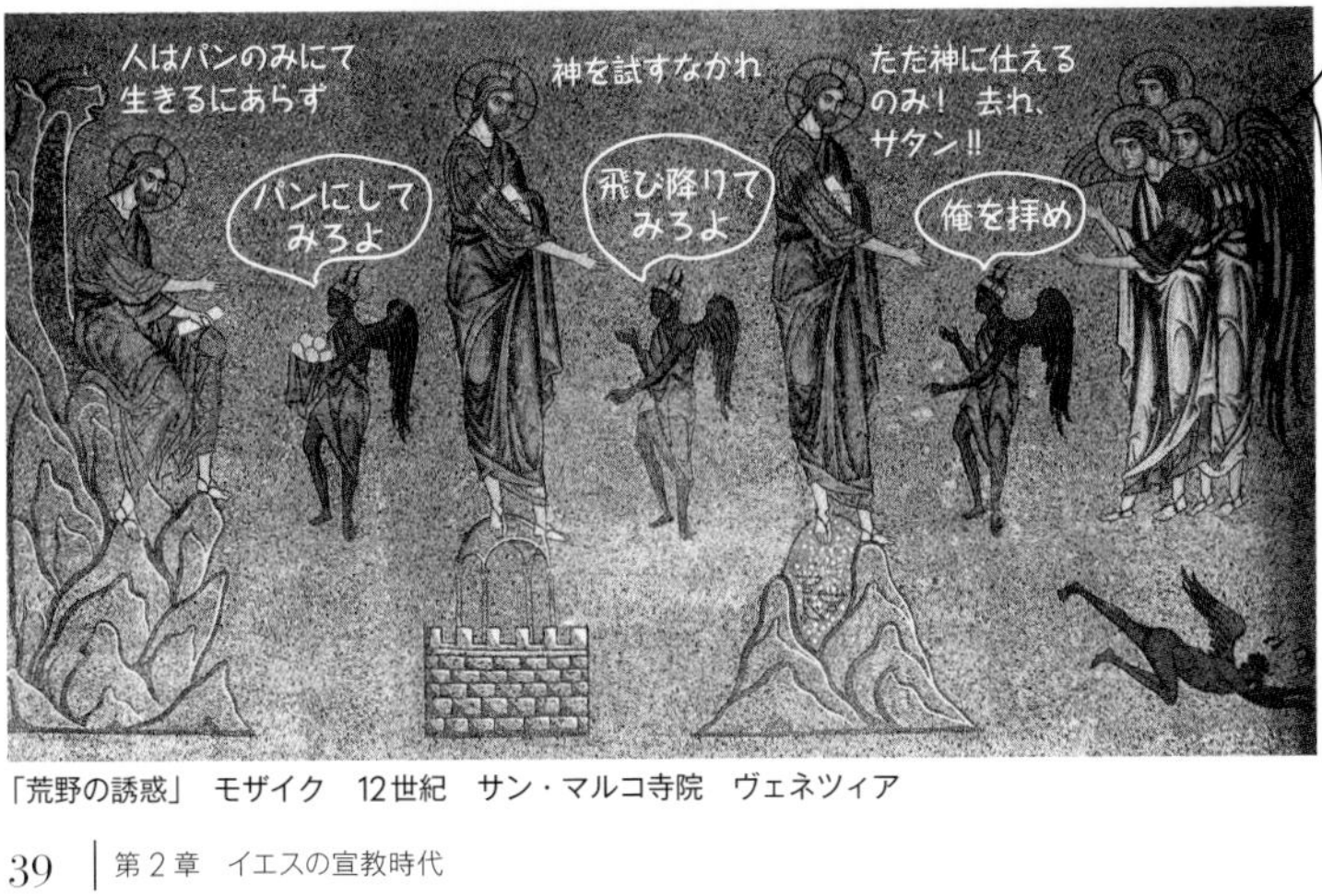
人はパンのみにて
生きるにあらず
パンにしてみろよ
神を試すなかれ
飛び降りてみろよ
ただ神に仕えるのみ！ 去れ、サタン!!
俺を拝め
合格で〜す
退散だ〜

「荒野の誘惑」　モザイク　12世紀　サン・マルコ寺院　ヴェネツィア

弟子たちの召命

イエスはガリラヤに帰って、弟子のスカウトを開始した。

ペトロとアンデレ兄弟の場合

1 イエスは、ガリラヤ湖で漁をしていた漁師のペトロとアンデレ兄弟にこう声をかけた。

私について来なさい。人間をとる漁師にしよう。
えっ！

ドゥッチョ 「ペトロとアンデレの召命」 1308-11年
ナショナルギャラリー ワシントン

2 兄弟は即座に網を打ち捨てて、イエスについて行った。

ポイッ

マタイの場合

ローマの税金を集める徴税人は、ユダヤ人の間で嫌われていた。ファリサイ派からは、異邦人と接する汚れた「罪人」と呼ばれた。

1 しばらくの後、イエスは収税所にマタイという徴税人が座っているのを見かけて言った。

私に従いなさい。

カラヴァッジョ 「聖マタイの召命」 1600年
サン・ルイジ・デイ・フランチェージ聖堂 ローマ

2 マタイはすぐに立ち上がってイエスについて行った。

ガバッ
行きます

3 それからイエスは弟子や徴税人、罪人たちと共に食事をとった。そこへ※ファリサイ派の人々がやって来てイエスを非難し始めた。

なぜ徴税人や罪人などと一緒に食事をするのか!?

4 するとイエスはこう答えた。

私が来たのは、正しい人を招くためではなく、罪人を招くためである。
医者が必要なのは病人であろう

※ファリサイ派とは、厳格な律法主義を掲げるユダヤの民衆の指導者たち。中流の知識階層出身の律法学者が多く属した。サドカイ派と並ぶユダヤ教の2大勢力の1つ。

十二使徒

イエスによって選ばれた十二人の弟子。イエスと行動を共にし、イエスの死後はその教えを広めるために活動した。

シニョレッリ
「キリストと12使徒」
1512年頃　司教区美術館
コルトーナ

イスカリオテのユダ
会計係。イエスを銀貨30枚で裏切った後、首を吊って自殺。
熱心党のシモン
「熱心党」というユダヤ教の過激派集団の一員だった。
タダイ（ユダ・タダイ）
ほぼ情報なし。
小ヤコブ
忘れられた使徒と呼ばれるほど目立った記録がない。
疑り深いトマス
イエスが復活したことをなかなか信じなかった。
マタイ
元徴税人。イエスに直接スカウトされた。福音書記者。
大ヤコブ
舟の中で網の手入れをしていたところをヨハネと共にイエスにスカウトされる。使徒の中で最初の殉教者。
兄弟
兄弟
フィリポ
早い段階の弟子の1人。
ヨハネ
最初の弟子の1人。使徒最年少。福音書、ヨハネの黙示録の筆者。最もイエスに愛された。天寿を全う。
ペトロ（シモン）
使徒のリーダー的存在。一番弟子。元漁師。イエスから「天国の鍵」を授けられる。初代ローマ教皇。
アンデレ
ペトロの弟。ペトロと一緒にスカウトされる。元漁師。X十字架で殉教。
ナタナエル（バルトロマイ）
生きたまま皮を剝がれて殉教。

イエスの宣教と奇跡

洗礼を受けて三日目、イエスは「カナの婚礼」の席で、最初の奇跡を行った。それからイエスが起こす様々な奇跡を目の当たりにした人々は、イエスが救世主であると考えるようになっていった。

イエスはここ！

ヴェロネーゼ 「カナの婚礼」 1563年 ルーヴル美術館 パリ

カナの婚礼

1 ガリラヤ地方のカナで結婚式があり、聖母マリアやイエスと弟子たちも招かれた。

うちの息子と仲間たちも来てるのね

2 しばらくするとと宴の席に欠かせないぶどう酒がきれてしまった。

あら、困ったわね～
ちょっと息子に相談してみようかしら…
あ～もうなくなってしまいました～

3 マリアはイエスに相談したが、イエスの返答は…

ぶどう酒がなくなってしまったそうなの…
婦人よ、それが私とどんな関わりあるのです？私の時はまだ来ていません。
あんな冷たいこと言ってたけど…
もしあの人が何か言ってきたら、その通りにしてください。
ハイ

4 イエスがやって来て、使用人たちに指示した。
水がめに水をいっぱい入れなさい。そこから汲み出して、宴会の世話役のところへ持って行きなさい。

はい！
5 世話役はぶどう酒に変わった水を味見した。
お！こ、これは…!!!

ふふ。なんかやってくれたわね
6 ぶどう酒の出どころを知らない世話役は、花婿を呼んで言った。
いやあ、だれでも初めに良いぶどう酒を出し、酔いが回った頃には劣ったものを出すもんじゃが、あなたは最高のぶどう酒を今まで取って置きましたな！

バンバン
その気前の良さ!!

見上げたもんじゃ！

立派立派!!

え〜心当たりが…
7 この奇跡を目撃した弟子たちは、それでイエスを信じ始めた。
水をぶどう酒に変えるとは…

スゲェ〜!!

ジョット「カナの婚礼」一三〇四－〇六年
スクロヴェーニ礼拝堂 パドヴァ

ほら、なんかやってくれるわよ
↓花嫁
なにそれ、水じゃないの？
まあ、そう言わずに一杯…
さあ、この水がめを水でいっぱいにするのです
かしこまりました！

マールテン・ド・フォス
「カナの婚礼」 1596-97年
ノートルダム大聖堂
アントウェルペン

病を癒やす

イエスは各地で様々な奇跡を起こした。

盲人の癒やし

1 二人の盲人がイエスについて来て言った。
ダビデの子よ、私たちを憐れんでください。
私にできると信じるのか？
ハイ、主よ！

2 イエスが目に触ると二人は目が見えるようになった。
あなた方の信じている通りになるように。
アレッ!?

3 イエスは口止めしたが、二人は地方一帯にイエスのことを言い広めた。
このことは誰にも知らせてはいけない。
って言ってるそばからオイ…
見えるゾ〜〜
みんな聞いてくれ〜〜

ドゥッチョ 「盲人の癒やし」 1307-11年
ナショナルギャラリー ロンドン

やもめの息子を生き返らせる

ある寡婦の一人息子が死に、棺が運び出されるところにイエスが通りかかった。イエスは憐れに思い、棺に触り「若者よ、起きなさい」と言った。すると死んだはずの若者が起き上がって話し始めた。

生き返った一人息子はここ→

このきれいなお姉さんがシングルマザー

ヴェロネーゼ 「やもめの息子を生き返らせる」 1565-70年 美術史美術館 ウィーン

山上の説教

イエスはガリラヤ中を回って教え、ありとあらゆる病気を治した。「山上の説教」はイエスに従う民衆に、中心となる教えを語った重要な場面。

1 イエスの評判を聞いて、おびただしい群衆が集まってきた。イエスは大勢に聞こえるように小高い山に登り、弟子たちは近くに座った。

2 イエスは弟子や群衆に教え始めた。

フラ・アンジェリコ他
「山上の説教」 1438-52年
サン・マルコ美術館
フィレンツェ

- 心の貧しい人たちは、幸いである、天の国はその人たちのものである。
- 悲しむ人たちは、幸いである、その人たちは慰められる。
- 柔和な人たちは、幸いである、その人たちは地を受けつぐ。
- 義に飢え渇く人たちは、幸いである、その人たちは満たされる。
- 憐れみ深い人たちは、幸いである、その人たちは憐れみを受ける。
- 心の清い人たちは、幸いである、その人たちは神を見る。
- 平和をつくり出す人たちは、幸いである、その人たちは神の子と呼ばれる。
- 義のために迫害される人たちは、幸いである、天の国はその人たちのものである。

他にも「汝の敵を愛せ」、「右の頬を打たれたら左も向けなさい」など有名な言葉が語られたよ
福音書記者
ルカ
マタイ

嵐を静める

自然までもがイエスに従う様子を目の当たりにし、弟子たちはますます畏怖の念を強めた。

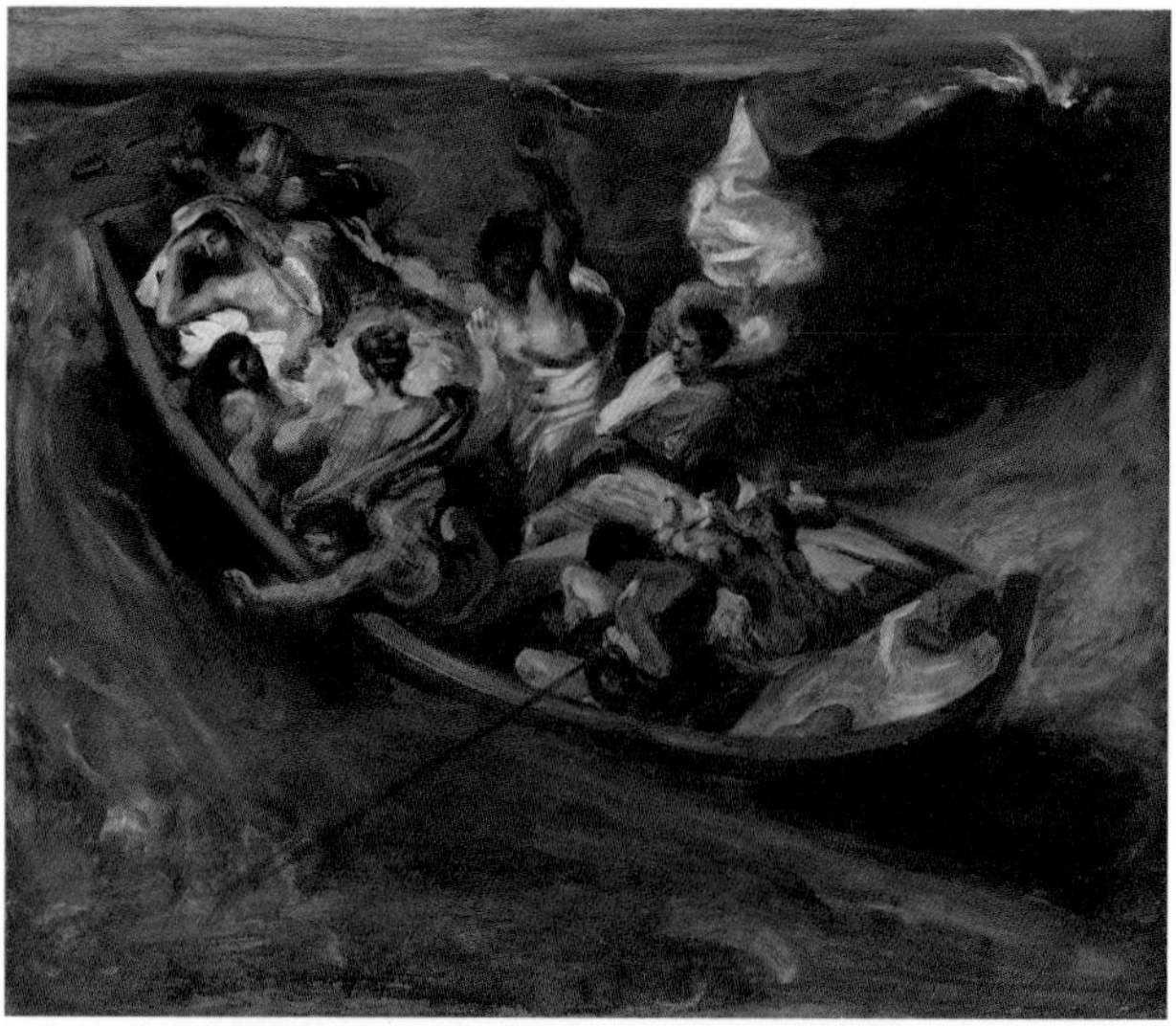

ドラクロワ 「大暴風の中」 1841年 ネルソン・アトキンズ美術館 カンザスシティ

先生は湖の上を歩いたこともあるよ

1 その日も多くの群衆がいたが、イエスはガリラヤ湖の対岸に渡ることにした。
向こう岸へ行こう
大勢集まった群衆
ガッテン!

2 激しい突風が吹き、大荒れとなった。転覆を恐れた弟子たちはイエスに助けを求めた。
ゴゴゴ
zzz
ねてる〜
先生!! 私たちが溺れ死んでもかまわないのですか?
うわぁ〜

3 イエスは起き上がって、風や湖を叱った。
黙れ!! 静まれ!!

4 すると風は止み、すっかり凪《なぎ》になった。
なぜ怖がるのか。まだ信じないのか？
いったいこの方はどういう方なのだ？ 風や湖でさえも従うとは…
怒ってる
やべ〜

洗礼者ヨハネの最期

洗礼者ヨハネは、ガリラヤ領主ヘロデ・アンテパスに捕らえられ、投獄されていた。

フィリッポ・リッピ　「ヘロデの宴」　1452-65年　プラート大聖堂　プラート

首を受け取るサロメ
踊るサロメ
母に首を差し出すサロメ

1 洗礼者ヨハネは、ヘロデ・アンテパスとヘロディアの結婚を非難したため、投獄されていた。

兄弟(存命)の妻と結婚することは律法で許されていない!

2 ヘロディアはすぐに処刑したがっていたが、ヘロデ・アンテパスは洗礼者ヨハネを「聖なる人」だと感じ、恐れていた。

早く処刑してくださいよ
う～む…支持者も多いし案外いいこと言うんだよなぁ…
ガリラヤ領主ヘロデ・アンテパス

3 ヘロデ・アンテパスが誕生日に客を招いて宴会を催すと、ヘロディアの連れ子サロメが踊りを披露した。

おお～!!これは素晴らしい
欲しいものがあれば何でも言いなさい!

シュトゥック　「サロメ」　一九〇六年
レンバッハハウス美術館　ミュンヘン

4 サロメが何を願うべきか母親に相談すると…

洗礼者ヨハネの首よ!!
今すぐ「洗礼者ヨハネの首」を盆に載せていただきとうございます。

5 ヘロデ・アンテパスは気が進まなかったが、客の手前もあり、衛兵にヨハネの斬首を命じた。

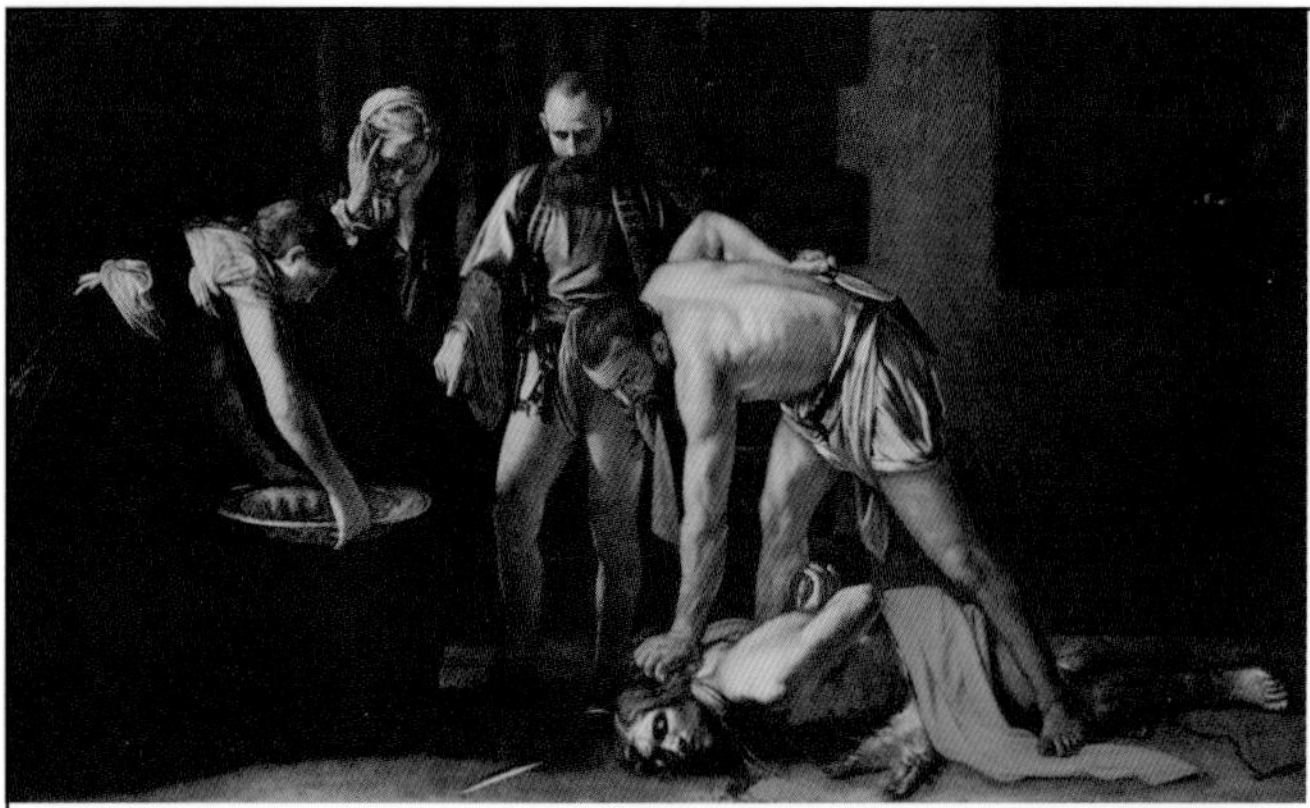

ムムム…しょうがない…
洗礼者ヨハネの首を切れ
ハッ

カラヴァッジョ 「洗礼者ヨハネの斬首」(部分) 1608年 サン・ジョヴァンニ大聖堂 マルタ島

6 サロメは盆に載せたヨハネの首を受け取った。

さあ、お母さまのところへお届けしましょう。

カラヴァッジョ
「洗礼者の首を持つサロメ」 1607年頃
ナショナルギャラリー ロンドン

7 ヘロディアは運ばれてきたヨハネの首を見て満足した。

フフフ…

ルーカス・クラーナハ(父) 「ヘロデの饗宴」 1531年
ワズワース・アテネウム ハートフォード

国立競技場
Construction

着工から完成まで、共同通信社が定点撮影した16万枚の瞬間。未来に伝えたい貴重な写真集!

一般社団法人 共同通信社

好評発売中!

1000日で完成させる!新スタジアム建設のドラマ。

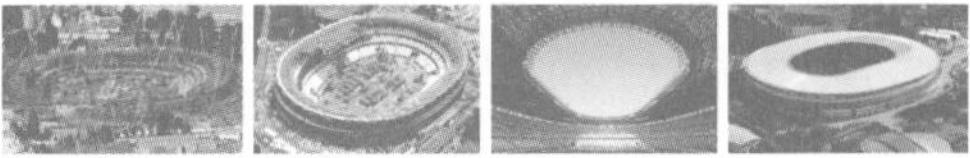

序文/ 建築家 **隈 研吾**

「競技場というものは、人がいようといまいと、
寂しくなく、暖かく、やさしい場所でなければいけない。
人類にどんなことが降りかかろうと…」(抜粋)

[仕様]B5判・横長/上製本/96頁/オールカラー

●3135円(税込) ISBN 978-4-309-25670-2

河出書房新社 〒151-0051 東京都渋谷区千駄ヶ谷2-32-2
tel:03-3404-1201 http://www.kawade.co.jp/

女子大小路の名探偵

秦建日子

紙袋の中にはいったい何が入っていたのか！？「アンフェア」「サイレント・トーキョー」の著者が五年ぶりに放つミステリー大作！

▼一五九五円

ジュリアン・バトラーの真実の生涯

川本直

謎多き美貌の作家ジュリアン・バトラーをあなたは知っているか？　いま気鋭が「仕掛ける」壮大な文学＆エンターテインメント、開幕！

▼二四七五円

超シルバー川柳　毎日が宝もの編
90歳以上のご長寿傑作選

みやぎシルバーネット編　河出書房新社編集部編

大好評九〇～一〇〇歳超えの全国のリアル・シルバーの川柳傑作選第四弾！　驚きの約百四十句を紹介。ご長寿川柳名人インタビューも。

▼一一五〇円

開高健の本棚

開高健

開高健の書斎、蔵書、作ったものを取り下ろしカラー写真で紹介するとともに、本をめぐるエッセイを収録。開高の知の源に迫る一冊。

▼二四二〇円

ペトロの信仰告白

1 イエスは弟子たちに「人々は、私のことを何者だと言っているか」と尋ねた。

エリヤだ、とか
エレミヤとか
洗礼者ヨハネが生き返ったとか
あなたはメシア!神の子です!!

あなたは幸いだ。あなたはペトロ(岩)。私はこの岩の上に私の教会を建てる。私はあなたに天の国の鍵を授ける。
私がメシアであることは誰にも言わないように
ははーーーっ!!

ペルジーノ 「ペトロへの鍵の授与」 1481-82年
システィーナ礼拝堂 ヴァチカン

2 それからイエスは死と復活を予告し始めた。

私はこれからエルサレムに行き、祭司長や律法学者から多くの苦しみを受け殺される。だが、3日目に復活する。
主よ、とんでもないことを!そんな事があるもんですか!
ちょっとこちらへ!!
グイッ

3 ペトロがイエスをいさめるとイエスは言った。

サタン!!引き下がれ!
私のジャマをする者よ!!
アワワ
私について来たい者は自分を捨て、自分の十字架を背負って従いなさい。

キリストの変容

1 六日後、イエスはペトロ、大ヤコブ、ヨハネだけを連れて高い山に登った。イエスの顔が太陽のように輝きだし、服が光のように真っ白になった。すると天から声が聞こえた。

これは私の愛する子。私の心に適う者。これに聞け
預言者エリヤ↓
十戒のモーセ↓
ひえ〜〜

フラ・アンジェリコ 「キリストの変容」
1438-52年頃 サン・マルコ美術館 フィレンツェ

2 弟子たちが顔を上げると、イエスだけがそこにいた。そして山を下りながら言った。

起きなさい。怖がらなくていい。
今見たことは、私が死者の中から復活するまで誰にも言ってはいけない。
復活?どういうことだろう…

神殿税を納める

マザッチョ　「貢の銭」　1427年　ブランカッチ礼拝堂　フィレンツェ

1 イエスと弟子たちがカファルナウムに来た時、神殿税の徴収人がやって来た。
あなた方の先生は神殿税を納めないのか？
納めます！
2 ペトロがイエスのいる家に入るとイエスが尋ねた。
ペトロ、あなたはどう思うか？
地上の王は税や貢ぎ物を自分の子供たちから取り立てるか？それとも他の人々からか？
他の人々からです。
3 イエスは言った。
では、神の子供たちは納めなくてもよいわけだ。しかし、湖に行って釣りをしなさい。最初に釣れた魚の口に銀貨が入っているはずだ。それを私とあなたの分として納めなさい。
彼らを誤らせないようにしよう
先生、グチッておられるのかナ？
ハイッ
4 ペトロは言われた通りにした。
あ、ほんとだ！最初の魚の口から銀貨が出てきた！
払いましたよ。
はい、確かに。

子供を祝福するイエス

イエスは子供好き。

1 イエスが教えていると、人々が子供たちを連れてきた。

うちの子もイエス様に
祝福していただきたいです!
ギョッ

2 弟子たちは人々を叱ったが、イエスはそれを制して言った。

子供たちを私の所に
来させなさい。
妨げてはならない。

カール・ハインリッヒ・ブロッホ
「キリストと子供たち」 1800年頃
フレデリクスボー国立歴史博物館 ヒレレズ

3 イエスは子供を抱き上げ、手を置いて祝福した。

4 そして言った。

子供のように神の国を
受け入れる人でなければ、決して
そこに入ることはできない。
子供好きだったとは…

ルーカス・クラーナハ（父） 「子供たちを祝福するキリスト」 1535-40年 ヴァヴェル大聖堂 クラクフ

姦淫の女

イエスの言動が気に入らないファリサイ派の人々が、イエスをわなにかけようとしたが、イエスは一言でやり込めた。

1 朝早く、イエスが神殿で民衆に教え始めると、律法学者やファリサイ派の人々が一人の女を連れてきて尋ねた。
先生!!

この女は姦通の現場で捕まりました！こういう女は石で打ち殺せと律法にはありますが、どう思いますか？
2 イエスはそれには答えずにかがみ込んで、指で地面に何か書き始めた。
え？なになに？
答えてなー
あの〜？
3 しつこく皆が問い続けるので、イエスは身を起こして言った。
あなたたちの中で罪を犯したことのない者が、まずこの女に石を投げなさい！

そして、また身をかがめて地面に書き続けた。
4 これを聞いた人々は、一人また一人と去って行った。
ちっ
5 イエスと女だけが残った。
あの人たちはどこにいるのか？誰もあなたを罪に定めなかったのか？

主よ、誰も。

私もあなたを罪に定めない。行きなさい。これからは、もう罪を犯してはならない。

ありがとうございました…

ロレンツォ・ロット　「姦淫の女とイエス」　1530-35年　ルーヴル美術館　パリ

マルタとマリア

イエスはベタニアに住むマルタ、マリア、ラザロの三姉弟と親しかった。

1 イエスと弟子たちがベタニアを通りかかった時、マルタは彼らを家に招き入れた。

どうぞうちへ寄っていってくださいまし
お、そうですか?ではお言葉に甘えて…

2 マルタは一行をもてなすためにせわしく働いていたが、妹のマリアはイエスの足元に座り込んで彼の話に聞き入っていた。

座り込んでイエスと話し込む妹のマリア
なによ、働いているのは私だけ!マリアは手伝おうともしないでさ!

ベラスケス「台所の情景(マルタとマリアの家のキリスト)」一六一八年 ナショナルギャラリー ロンドン

3 腹に据えかねたマルタはイエスに訴えた。

主よ、私にばかりもてなしの準備をさせて、何ともお思いにならないんですか?妹にも手伝うようにおっしゃってください!

4 イエスはこう答えた。

な、なんですと?
マルタ、マルタ、あなたは多くのことに思い悩んでいるが、必要なことはただ一つ。マリアは良い方を選んだ。それを取り上げてはならない。
ほらね

フェルメール「マルタとマリアの家のキリスト」一六五四-五六年 スコットランド国立美術館 エジンバラ

ラザロの蘇生

マルタとマリアの弟ラザロが死んでから四日後、イエスは彼を生き返らせた。それで多くの人がイエスを信じた。

死臭を気にする女性たち

ひざまずいて感謝するのはマルタとマリア姉妹

ジョット「ラザロの蘇り」1304-06年頃 スクロヴェーニ礼拝堂 パドヴァ

1 イエスは親友ラザロが危篤だという知らせを受けても、すぐには会いに行かなかった。
ラザロが病気だということです。
えっ？まだ死んでは…
この病気は死で終わらない。神の栄光のためである。
心配いらぬ 信じなさい
2 イエスが到着するとラザロはすでに埋葬され四日が経っていた。
マルタ
主よ、もしここにいてくださったなら、私の弟は死ななかったでしょうに。
私を信じる者は、死んでも生きる。私を信じる者は決して死なない。それを信じるか？
あなたが神の子であると信じます
3 マリアが泣いているのを見て、イエスは涙を流した。それからラザロの墓に行き、石の扉をどかさせた。
その石をどかしなさい。
主よ、もう臭います。
おやめになった方が…
マルタ
妹のマリア
4 イエスが命じると、死んでいたラザロが手と足を布で巻かれたまま墓から出てきた。
ラザロ、出てきなさい
ホントかよ…
はい

ファン・デ・フランシス「ラザロの蘇り」一五一九年 プラド美術館 マドリード

ベタニアで香油を注がれる

弟ラザロを蘇らせてくれたイエスの足に、マリアはとても高価な香油を塗って感謝を示した。

ディルク・ボウツ　「シモンの家のキリスト」　1460年頃　国立絵画館　ベルリン

1 過越の祭りの六日前、エルサレムへ向かっていたイエスたちは、ベタニアで夕食に招かれた。マルタや生き返ったラザロとも再会した。

ラザロ
元気になって
よかった
マルタ
マリア

2 皆が席についた時、マリアが非常に高価なナルドの香油を持ってきて、イエスの足に塗り、自分の髪で拭った。

ヴェロネーゼ　「シモンの家のキリスト」（部分）　一五七〇年　ブレラ美術館　ミラノ

3 それを見てイスカリオテのユダが、マリアの行為を非難して言った。

なぜこの香油を売って貧しい人に施さなかったのか？
この人をとがめてはならない。私を葬る準備をしてくれたのだから。
ユダは→
貧しい人を思って言ったのではなく、主の財布を預かりながら、くすねていた盗人で、金に執着していた

4 死から蘇ったラザロのことは大評判となっていた。イエスを憎む人々はイエスを殺す計画を立て始めた。

あれが生き返ったラザロか！
この男は多くの奇跡を行っている。このままでは皆が信じるようになってしまう。
ファリサイ派

聖書の中の女性たちと「マグダラのマリア」

別の女性の話なのにマグダラのマリアと同一視されたエピソード

- 姦淫の罪の女 → (P.52)
- 元娼婦で悔い改めた女
- ナルドの香油をイエスの頭に注いだ女
- 香油をイエスの足に塗り髪で拭った女

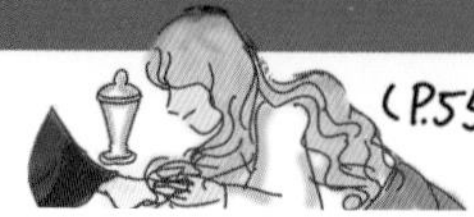
(P.55)

イエスの周りはマリアだらけ
私はお母さん
聖母マリア

私たちはイエスの友達
↑姉のマルタ
ベタニアのマリア

磔刑に立ち会った女性もマリアだらけ
フィオレンティーノ「十字架降下」(部分)
1521年　ヴォルテッラ美術館　ヴォルテッラ

磔刑に立ち会った可能性のある女性たち

- 聖母マリア
- マグダラのマリア
- 聖母マリアの姉妹
- 小ヤコブとヨセの母マリア（サロメ？）
- クロパの妻マリア

イエスの宣教活動の初期から女性の信者は大勢いましたが、名前がしっかり伝わっているのは「マリア」ばかりで、これが後の混乱のもととなりました。

「聖母マリア」はイエスの母としてはっきりした存在ですが、問題はその他の女性と「マグダラのマリア」です。

聖書に「マグダラのマリア」に関して出てくるエピソードは「七つの悪霊をイエスに追い出してもらった」ことと、磔刑に立ち会い、復活を目撃した、これだけです。

ところが、後年徐々に、姦淫の女も、香油をイエスの足に塗った女も、頭に香油を注いだ女も、娼婦だったことを悔い改めた女も、全部ひっくるめて「マグダラのマリア」のことにされてしまいました。

マグダラのマリアをテーマに描かれた絵に様々な図像があり、魅力的な美女で反省していることが多いのは、この混乱をそのまま絵にしているからなのです。

魅力的な美人
香油壺
豊かな金髪

クリヴェッリ「マグダラのマリア」一四八〇年頃
アムステルダム国立美術館　アムステルダム

マグダラのマリア

いろんな話が全部私のことになっちゃった
でも娼婦ではありません
マグダラ出身
7つの悪霊をイエスに追い出してもらった
イエスの宣教活動の最初の頃から参加
イエスの磔刑を見守る
イエスの遺体に香油を塗ろうと墓に向かい、そこでイエスの復活を目撃する
イエスの死後は迫害を逃れ、マルセイユ郊外の洞窟で過ごしたという説あり
アトリビュートは香油壺、どくろ

悔い改める罪ある女性、美容師、櫛作り職人、香料やパウダー作りの職人、プロヴァンスとマルセイユの守護聖人

悔い改める娼婦説全開バージョン
娼婦じゃないのに

ティツィアーノ「改悛のマグダラのマリア」
一五三一－三五年　パラティーナ美術館　フィレンツェ

いろんなマリアのエピソードが一緒に描かれている
サイドの絵はマグダラのマリアの生涯
イエスの足に香油を塗る
ラザロの復活
我に触れるな
マルセイユで信仰を説く
天使に砂漠へ導かれる
天使に食べ物をもらう
聖体拝領を受ける
埋葬
「絶望することなかれ、汝罪を犯すことに慣れたるものよ。我が例に従い、神を信じよ」

マグダラのマリアの親方
「マグダラのマリアとその生涯の8つの物語」　13世紀後半
アカデミア美術館　フィレンツェ

イエスの起こした様々な奇跡とたとえ話

「放蕩息子」のたとえ

ある人に息子が2人いた。弟の方が「お父さん、私がいただくことになっている財産を今ください」と言った。父親は財産を兄弟にわけてやった。

弟はすぐさま家を出ていき、遠い町で放蕩の限りを尽くして、財産を使い果たしてしまった。

食べるものもなくなった時、彼は我に返って思った。「私は天に対しても父に対しても罪を犯しました。もう息子と呼ばれる資格はありません。雇い人の1人にしてください、と父に謝ろう」

弟が帰ってくると父親はすぐに見つけて走り寄り、キスをして迎えた。さらに肥えた子牛を屠って食べさせ、指輪をはめさせ、上等な服を着せてやった。

それを見た兄は怒って「娼婦どもと財産を食い潰してきたやつに肥えた子牛を食わせてやるのですか？」と言うと、父親は「死んでいた息子が生き返ったのだ。喜んで当然だろう」と言った。

よく帰ってきた！
不満に思う兄↑
私が友達と宴会する時には、子山羊《こやぎ》一匹すらくれなかったのに…

レンブラント 「放蕩息子の帰還」 1668年頃
エルミタージュ美術館 サンクトペテルブルク

五千人の給食

イエスは5000人の群衆に5つのパンと2匹の魚を分け与えて全員満腹にさせた。

絶対足りませんて。
まあいいから、分けてみなさい。

ティントレット 「5つのパンと2匹の魚の奇跡」(部分)
1545-50年頃 メトロポリタン美術館 ニューヨーク

善《よ》いサマリア人

「隣人とは誰か」との問いに

ある人が道中追《お》い剝《は》ぎに襲われ倒れていた。同じユダヤ人である祭司やレビ人《びと》が通りかかったが見てみぬふりをした。そこへユダヤ人と反目するサマリア人が通りかかり、倒れた人を自分のロバに乗せて宿屋まで連れて行き、介抱を頼んでくれた。このサマリア人こそが隣人だ、とイエスは答えた。

けが人を自分のロバに乗せようとしているサマリア人

ゴッホ 「善きサマリア人」 1890年 クレラー・ミュラー美術館 オッテルロー

第3章

受難・復活・昇天

過越の祭りの時期、
ユダヤ教徒は
神殿詣でのため
各地からエルサレムに
集まってくる。
ガリラヤ領主の
ヘロデ・アンテパスや、
ユダヤ人が騒ぎを
起こすことを警戒した
ローマ提督ピラトも
エルサレムに来ていた。
そこへイエス一行も
向かっていた。

メムリンク 「キリストの受難」 1470年頃 サバウダ美術館 トリノ

エルサレム入城から復活までの流れ

1 エルサレム入城
2 ユダの裏切り
3 最後の晩餐
4 ゲッセマネの祈り
5 ユダの接吻・
イエスの逮捕
6 大祭司の前のイエス
7 兵士からの侮辱
8 ペトロの否認
コケ
ユダの自殺

まずはダイジェストでご紹介

9 ピラトによる裁判

10 死刑判決

11 むち打ち

12 十字架を背負う

13 十字架昇架

14 イエスの死

15 十字架降下

16 イエスの埋葬

17 イエスの復活

エルサレム入城

過越の祭りを目前に控えて賑わうエルサレムに、イエスたちは入った。
いよいよ「受難」の時が近づいていた。

1 一行がエルサレムに近づいた時、イエスは二人の弟子を使いに出した。
向こうの村に行くと、ロバと子ロバがつないであるから連れてきなさい。もし誰かに何か言われたら「主がお入り用なのです」と言いなさい。

ハイッ

2 弟子たちは言われた通りにロバと子ロバを引いてきた。イエスはロバの背中に乗った。

旧約聖書で救世主はダビデ王の子孫から出ると預言されていることから
「ダビデの子」=「救い主」という意味

ピエトロ・ロレンツェッティ
「エルサレム入城」 1320年
サン・フランチェスコ大聖堂
アッシジ

3 エルサレムに近づくと大勢の群衆が、自分の服やしゅろの枝を道に敷いてイエスを歓迎した。
ダビデの子、ホサナ!!
枝受け取れ
いったいどういう人だ!?
ナザレから出た預言者イエスだ!!
ダビデの子、※ホサナ!!
ありがとう
ようこそ
ダビデの子、ホサナ!!

※ホサナ：ヘブライ語で「救い給え」の意。

神殿を潔める

エルサレムの神殿に入っていくと、そこでは様々な物売りが商売をしていた。イエスは売り買いしていた人々を神殿から追い出し始めた。

1 神殿の境内は、過越の祭りに備えて、両替人や牛、羊、鳩を売る者などが店を出し賑わっていた。

2 それを見て、イエスは大変な憤りを感じた。

ど、どうなされましたっ!?
プルプルプル

3 イエスは縄でむちを作り、羊や牛を境内から追い出し、両替人の金を撒き散らし台を倒した。

このような物はここから運び出せ!
私の父の家を商売の家としてはならない!!
うわー
何この人ー
こりゃもう
殺すしかないね

エル・グレコ 「神殿から商人を追うキリスト」 1570年頃 ミネアポリス美術館 ミネアポリス

4 それを見たユダヤ人たちはイエスに詰め寄った。

こ、こんなことをするからには何かものすごいしるしを我々に見せてくれるんだろうな!?
うぉ!りゃ〜
ドカーン

5 イエスは答えた。

この神殿を壊してみよ。3日で建て直してみせる。
なに! この神殿をつくるのに四六年もかかったというのに!

イエス、弟子の足を洗う

神殿でイエスの話に聞き入る民衆を見て、※サドカイ派の祭司長たちとファリサイ派の人々は、イエスを殺すしかないと考えた。イエスはその時が近づいているのがわかっていた。

1 祭司長たちがイエスを亡き者にしようと画策する中、十二使徒の一人イスカリオテのユダの心に悪魔が入り込んだ。

なんとかしなければならないが、祭りの最中に事を起こし民衆が騒ぐのはまずいな
どうやって
葬り去るべきか…
サドカイ派 祭司長
ファリサイ派

2 イエスは時が近づいているのを悟り、弟子たちの足を洗った。

なにをなさってるんですか!?
今はわかるまいがいつかわかるよ

3 ペトロが恐縮して辞退するとイエスは言った。

私の足など洗わないでください!

そうするとあなたは私と何の関わりもないことになる。

いいのか?

恐縮です!

いや、いや、そこまでは…

ならば、手も頭も。

すでに体を洗った者は足だけ洗えばよい。あなた方は清いのだが、皆が清いわけではない。

ユダの裏切りを指している

※サドカイ派とは、エルサレム神殿の祭司職を独占し、経済的にも裕福な特権階級の人々。ファリサイ派と並ぶユダヤ教の二大勢力の一つ。

主よ、何をなされます!!
やってもらうの?
いいから いいから
どうする?
はい!靴脱いで準備準備!
サンダルのひもを結ぶユダ

ティントレット 「弟子の足を洗うキリスト」 1548-49年 プラド美術館 マドリード

ユダの裏切り

ユダがなぜイエスを裏切ったのか、聖書にその詳しい理由は書かれていない。

いいのが来たぜ
なに？
イエスを裏切ると？
ユダ
祭司長たち←
→ユダにとりついた悪魔

ジョット
「ユダの裏切り」
1304-06年
スクロヴェーニ礼拝堂
パドヴァ

1 祭司長たちはイエスを殺すにはどうしたらよいかと考えたが、民衆を恐れ実行できずにいた。そこへイスカリオテのユダがやって来て、こう持ちかけた。
あの男をあなたたちに引き渡したら、いくらくれますか？
なんと！

2 願ってもない裏切り者の登場に祭司長はこう答えた。
銀貨30枚をやろう。

3 密約は成立した。その時より、ユダはイエスを引き渡す機会をうかがい始めた。

払ったぞ
ちゃんとやれよ

ドゥッチョ「ユダの契約」一三〇八－一一年
シエナ大聖堂美術館　シエナ

最後の晩餐

イエスは弟子たちの足を洗った後、晩餐の席で自分を裏切る者がいると予告した。

1 イエスは食事の席で、衝撃的なことを断言した。

あなた方のうちの1人が…
えっ？
なになに？
私を裏切ろうとしている。
↓ヨハネ
なんですとー！？
まさか
私のことでは!?

ドゥッチョ 「最後の晩餐」 一三〇八-一一年
シエナ大聖堂美術館 シエナ

2 驚いたペトロは、イエスに寄りかかって座っているヨハネに頼んだ。

主にそれは誰なのか
聞いてくれ！
主よ、それは
誰のことですか？
ペトロ
ヨハネ
ユダ

レオナルド・ダ・ヴィンチ 「最後の晩餐」(部分)
1495-97年頃 サンタ・マリア・デッレ・グラツィエ教会 ミラノ

3 するとイエスはこう答えた。

なんと!!
私がパン切れを浸して
与えるのがその人だ
←足を洗うために使った道具↓
金の入った巾着を持ち、一人だけ光輪がないユダ

ビセンテ・ファン・マシップ 「最後の晩餐」 1555-62年 プラド美術館 マドリード

4 そう言うと、イエスはパンを浸し、イスカリオテのユダに与えた。
しようとしていることを今すぐしなさい。
5 ユダはパンを受け取るとすぐに出ていった。ユダは普段からイエスの財布を管理していたので、他の弟子たちは使いを頼まれたと考えた。
祭りに必要な物を買いに行ったのかな？

貧しい人に何か施しに行ったのかな？
6 それからイエスは弟子たちにパンとぶどう酒を与えながら言った。
取って食べなさい。これは私の体である。この杯《さかずき》から飲みなさい。これは罪が赦《ゆる》されるように、多くの人のために流される私の血、契約の血である。

え？どういうこと!?

今や※人の子は栄光を受けた。私が行くところにあなたたちは来ることができない。

互いに愛し合いなさい
私たちがついて行けないところ!?

私は命を捨ててついて行く覚悟です！
7 食事を終えた一同は賛美の歌を歌ってからオリーブ山に出かけた。そこで、イエスはペトロの離反を予告した。
あなたは、鶏が鳴くまでに3度私を知らないと言うだろう。

たとえご一緒に死なねばならなくなっても、あなたのことを知らないなどとは決して言いません!!

※人の子とは、イエス自身のこと

ゲッセマネの祈り

イエスはいつもの祈りの場所ゲッセマネに行き、神に祈った。弟子たちに眠らないように言ったが…

イエスを捕らえにやって来る人々

マンテーニャ　「ゲッセマネの祈り」　1455-56年　ナショナルギャラリー　ロンドン

1 イエスはオリーブ山のゲッセマネの園に着くと弟子たちにこう言った。
ペトロ、ヤコブ、ヨハネはついて来なさい
ハイッ！
私が向こうへ行って祈っている間、ここに座っていなさい。私は死ぬばかりに悲しい。ここを離れず、私と共に目を覚ましていなさい。

2 それからイエスは少し離れた所で非常に苦しみながら祈り始めた。
父よ、できることならこの杯《さかずき》を私から取りのけてください。しかし、私の願うことではなく、御心《みこころ》のままにしてください。

3 それから弟子たちのところに戻ると、弟子たちは眠っていた。
こんなわずかな時間も目を覚ましていられなかったのか!! 誘惑に陥らぬよう目を覚まして祈っていなさい!!

と言っただろ!!

クワー

4 イエスは再び祈りに行って戻ってくると弟子たちはまた眠っていた。
また寝てる!!
グー
クカー

5 三度目に戻ってきた時も、
←祈るイエスのところに天使が現れて力づけた
寝るなってば!
また寝てる!!
ドゥッチョ
「ゲッセマネの祈り」
1308-11年
シエナ大聖堂美術館
シエナ

6 イエスがまだ話しているうちに、イエスを捕らえようとする人々が進んできた。
時は近づいた。人の子は罪人《つみびと》たちの手に引き渡される。立て、行こう。私を裏切る者が来た。

ん!?

なんですと!

ユダの接吻・イエスの逮捕

ついにイエスは彼を処刑しようと狙う人々に捕らえられた。

ジョット
「ユダの接吻」
1304-06年
スクロヴェーニ礼拝堂
パドヴァ

1 ユダは祭司長たちと誰がイエスか知らせる合図を前もって決めておいた。

私が接吻するのが、その人だ。それを捕まえろ。
しっかりやれよ
祭司長
長老

2 ユダはイエスにこう挨拶しながら近づいて…

先生、こんばんは…

3 接吻した。

ユダ、あなたは接吻で人の子を裏切るのか

カラヴァッジョ
「キリストの逮捕」
1602年
アイルランド国立美術館
ダブリン

4 こうしてイエスは捕らえられた。
よしっ
先生〜
グッ
ガシッ
5 その時、ペトロが剣《つるぎ》を抜き、大祭司の手下に打ちかかっていって、右の耳を切り落とした。
先生に何をするーっ!
ギャー
右耳
大祭司の手下マルコス
6 イエスはペトロに言った。
剣をさやに納めなさい。剣を取る者は皆、剣で滅びる。
ハイ! ごめんなさい
7 イエスは耳を切られたマルコスを癒やした。
え!?
8 イエスは、祭司長や神殿守衛長、長老たちに言った。
まるで強盗にでも向かうかのように、剣や棒を持ってやってきたのか。毎日、神殿の境内で一緒にいた時は、あなたたちは私に手を下さなかったのに。だが、今は、闇が力を振るっているのだ。
キャー
弟子たちは皆、イエスを見捨てて逃げてしまった。
一目散!!

大祭司の前のイエス

いよいよイエスを処刑するための裁判が始まった。

1 捕らえられたイエスは、大祭司カイアファの前に連れていかれた。

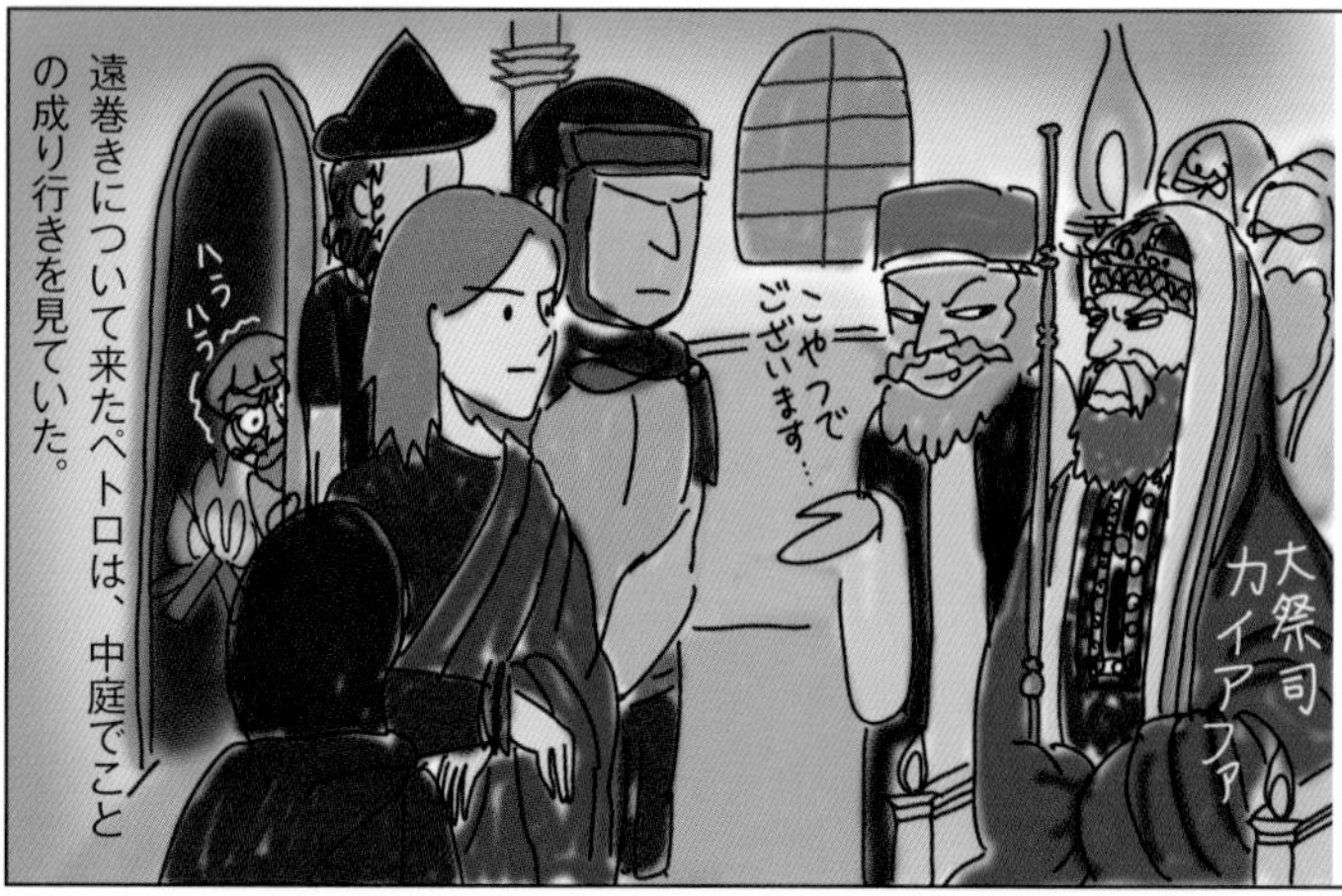
大祭司カイアファ
こやつでございます…
ハラハラ
遠巻きについて来たペトロは、中庭でことの成り行きを見ていた。

2 祭司長ら最高法院の人々は、イエスを死刑にしようと不利な証言をする偽証人を何人も連れてきたが、決定的な証拠にはならなかった。しかし、最後の二人がある証言をした。

この男は「神の神殿を打ち倒し、3日あれば建てることができる」と言いました。
とんでもないっスよね！
いいぞいいぞ!!～
これはヤバイでしょ～
祭司長
長老

3 大祭司カイアファは立ち上がり、イエスに問うた。

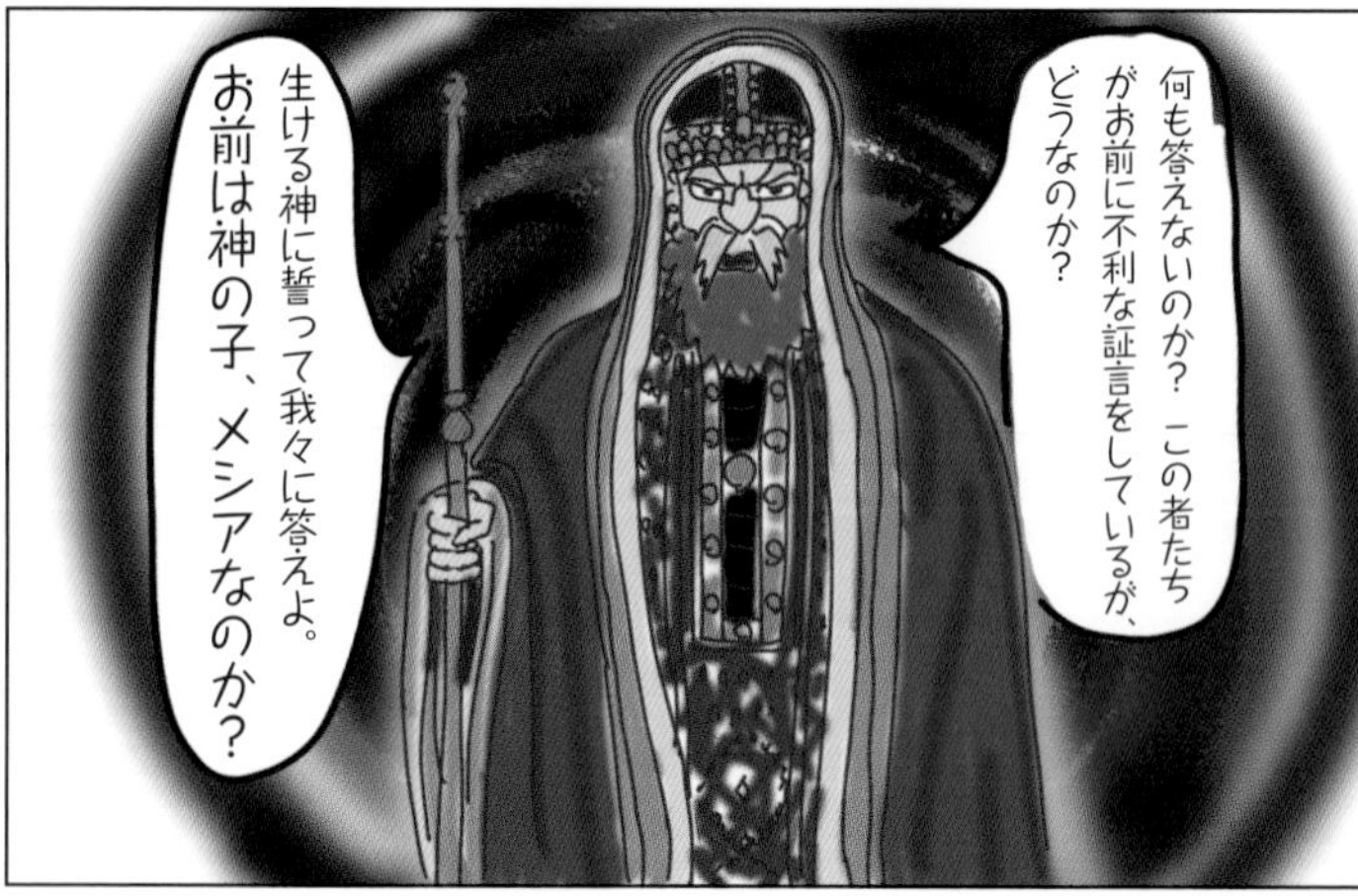
何も答えないのか？ この者たちがお前に不利な証言をしているが、どうなのか？
生ける神に誓って我々に答えよ。お前は神の子、メシアなのか？

4 イエスはこう答えた。

しかし私は言っておく。
あなたたちはやがて、人の子が全能の神の右に座り、天の雲に乗って来るのを見る。
な、なんと～！
それはつまり自分は神の子だって言ってるじゃん！
なんだと？
それはあなたが言ったことです。

ホントホルスト 「祭司による尋問」(部分)
1617年 ナショナルギャラリー ロンドン

5 大祭司は怒りで服を引き裂きながら言った。

神を冒瀆した。これでもまだ証人が必要だろうか。諸君は今、冒瀆の言葉を聞いた。
どう思うか!?
人々は
死刑にすべき!!
と、答えた。
服を引き裂く大祭司

ジョット
「祭司による尋問」
1304-06年頃
スクロヴェーニ礼拝堂
パドヴァ

6 人々はイエスに目隠しをし、唾を吐きかけ、こぶしや平手で殴った。

メシア、お前を殴ったのは誰か、言い当ててみろ！
オラオラ～

グリュネバルト 「キリストの嘲弄」 1503-05年 アルテ・ピナコテーク ミュンヘン

ペトロの否認

あれほどイエスに付き従うと誓っていたペトロも、イエスを裏切った。

1 その頃、中庭にいたペトロのところに女中が寄ってきて言った。

あなたもガリラヤのイエスと一緒にいたよね
な、なんのことを言っているのか!? 私にはわからない!!

ホントホルスト「ペトロの否認」一六二三年頃　ミネアポリス美術館　ミネアポリス

2 ペトロが門の方へ行くと他の女中が、

この人はナザレのイエスと一緒にいました。
そんな人は知らない!
確かにお前もあの連中の仲間だ。
言葉でわかる!
ガリラヤの
そんな人は知らない!

他の人々も

ペトロは三度イエスを知らないと言った。

3 その時、鶏が鳴いた。

コケコッコ〜
コケコッコ〜
ハッ

4 ペトロはイエスの言葉を思い出し、激しく泣いた。

鶏が2度鳴く前に、あなたは3度私を知らないと言うだろう
うわあああ…

ユダの自殺

自分のした過ちの大きさに気づいたユダは、耐えきれず自殺した。

1 イエスに有罪の判決が下ったのを知ったユダは後悔し、銀貨三十枚を祭司長たちに返そうとしたが、
私は罪のない人の血を売り渡し、罪を犯しました。
我々の知ったことではない。
お前の問題だ
と、相手にされなかった。

2 絶望したユダは銀貨を神殿に投げ込んで立ち去り、
バラバラ
首を吊って死んだ。

ロレンツェッティ　「首を吊ったユダ」　1320年頃
サン・フランチェスコ修道院　アッシジ

3 祭司長たちは散らばった銀貨を拾い上げ、この金の使い道を話し合って決めた。
これは血の代金だから、神殿の収入にするわけにはいかないのう。
では「陶器職人の畑」を買って、外国人墓地にしたらどうでしょう？
このためその土地は、今日まで「血の畑」と呼ばれている。

ピラトによる裁判

イエスは大祭司→ピラト→領主ヘロデ・アンテパス→ピラトと、たらい回しにされる。

1 カイアファたちはイエスをローマ総督ピラトの元へ連れて行き、死刑を求めた。

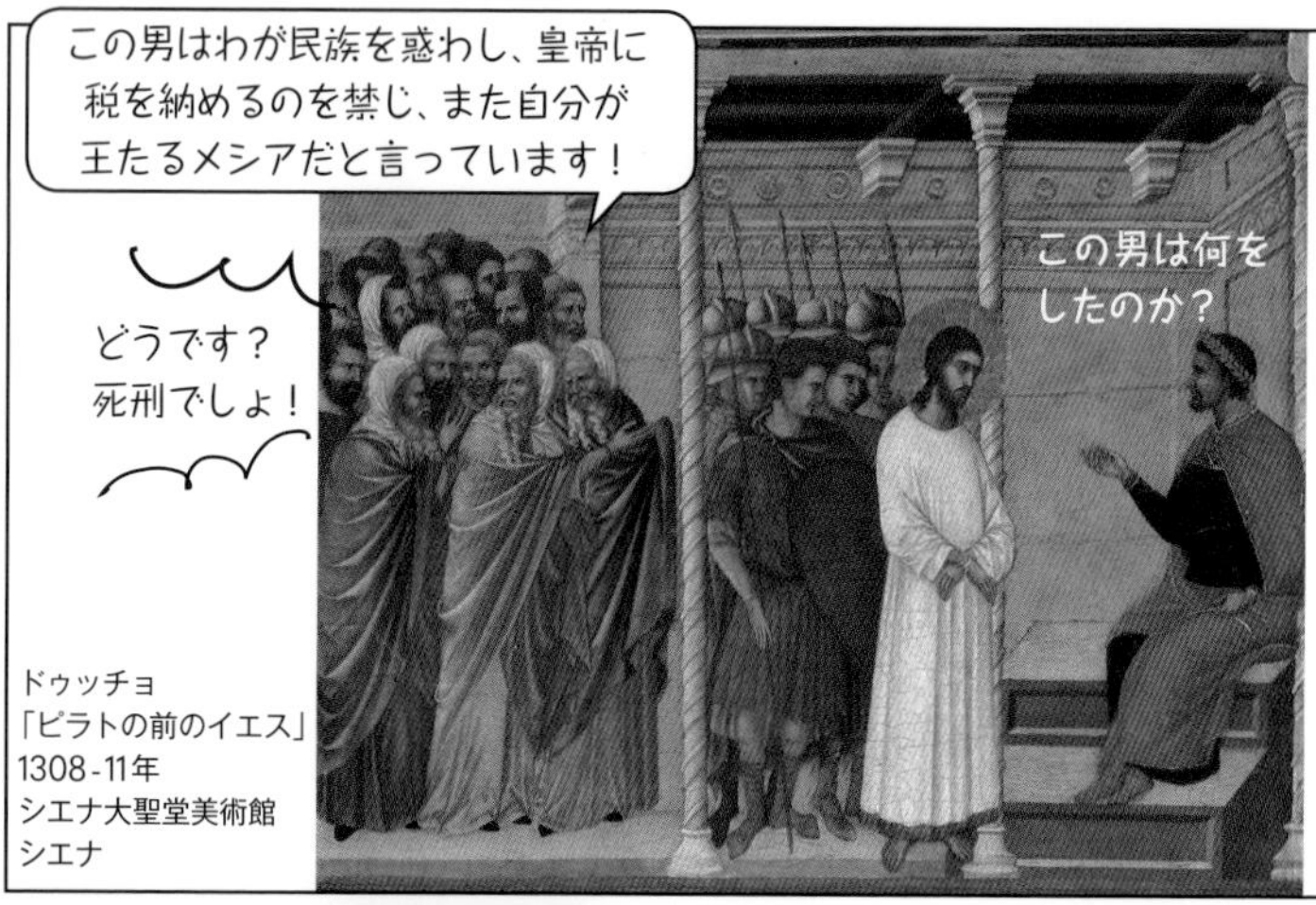
この男はわが民族を惑わし、皇帝に税を納めるのを禁じ、また自分が王たるメシアだと言っています！
この男は何をしたのか？
どうです？死刑でしょ！
ドゥッチョ
「ピラトの前のイエス」
1308-11年
シエナ大聖堂美術館
シエナ

2 そこでピラトはイエスに尋ねた。

お前はユダヤ人の王なのか？
それはあなたが言っていることです。
うーむ よくわからんな…
ニコライ・ニコラエヴィチ・ゲー「真理を問うピラト」
一八九〇年 国立トレチャコフ美術館 モスクワ

3 ピラトが「私はこの男に何の罪も見出せない」と言うと大祭司たちは猛抗議。

この男はガリラヤからこの都に至るまで、ユダヤ全土で教えながら、民衆を扇動しているのです!!
ギョッ
我々には死刑判決を下す権限がないからお願いしてるのです。

4 対処に困ったピラトは、イエスがガリラヤから来たことを知り、ならばガリラヤ領主ヘロデ・アンテパスが判断すべきと考えた。

ヘロデは今、ちょうどエルサレムに来てるからヘロデのところに送れ。
まったく面倒なことを持ち込みおって～

5 イエスのうわさを聞いてかねがね会いたいと思っていたヘロデ・アンテパスは、イエスが来たのを非常に喜んだ。そして、いろいろ尋問したがイエスは何も答えなかった。
洗礼者ヨハネの子分じゃろ!?
ホレ!! なんか奇跡とやらを見せてみい なんでもいいから!
・・・・。

6 無視されて怒ったヘロデ・アンテパスは兵士と一緒にイエスを嘲り、派手な服を着せてピラトに送り返した。
わしを無視するとは!! 即刻送り返せ!!

7 ピラトは祭司長たちや民衆を集めて言った。
私はこの男を取り調べたが、あなた方が訴えているような犯罪は見つからなかった。ヘロデとて同じであった。
死刑に当たるようなことは何もしていない。むちで懲らしめて釈放しよう。
ワー
いいや!! その男を殺せ!!
・・・・・

↓この絵は次ページ3コマ目の別バージョン

わしゃ知らんぞ
手を洗っている↓

ティントレット　「ピラトの前のイエス」　1566-67年
スクオーラ・グランデ・ディ・サン・ロッコ　ヴェネツィア

死刑判決

ピラトはイエスに罪を見出せなかったが、民衆の要求の激しさに押し切られ、十字架刑の執行を許可した。

1 ピラトは、祭りの際に民衆の希望する囚人を一人釈放する慣例を適応し、イエスを釈放しようと考えた。

バラバとイエスのどちらを釈放して欲しいか？
↑
イエスの処刑に反対していたピラトの妻

罪状：
暴動と殺人

バラバ

チゼーリ
「エッケ・ホモ」
1871年　近代美術館（ピッティ宮）
フィレンツェ

2 しかし、民衆はバラバの釈放を要求し、イエスは十字架につけるよう叫び続けた。

バラバを釈放しろ!!
イエスへの民衆の期待が正反対の方向へ…
イエスを十字架につけろ!!

マセイス　「エッケ・ホモ（この人を見よ）」　1518-20年
プラド美術館　マドリード

3 とうとうピラトはあきらめ、水を持って来させ、群衆の前で手を洗いながら言った。

この人の血について私には責任がない。お前たちの問題だ。
その血の責任は、我々とその子孫にある！
↑
手を洗う＝自分に責任はないというアピール

ドゥッチョ
「手を洗うピラト」（部分）
1308-11年頃
シエナ大聖堂美術館
シエナ

むち打ち・兵士からの侮辱

兵士たちはイエスをむち打って、「ユダヤ人の王、万歳」と侮辱した。

1 ピラトはイエスをむち打ちの後、十字架につけるよう兵士に引き渡した。

不本意
なんじゃがの…

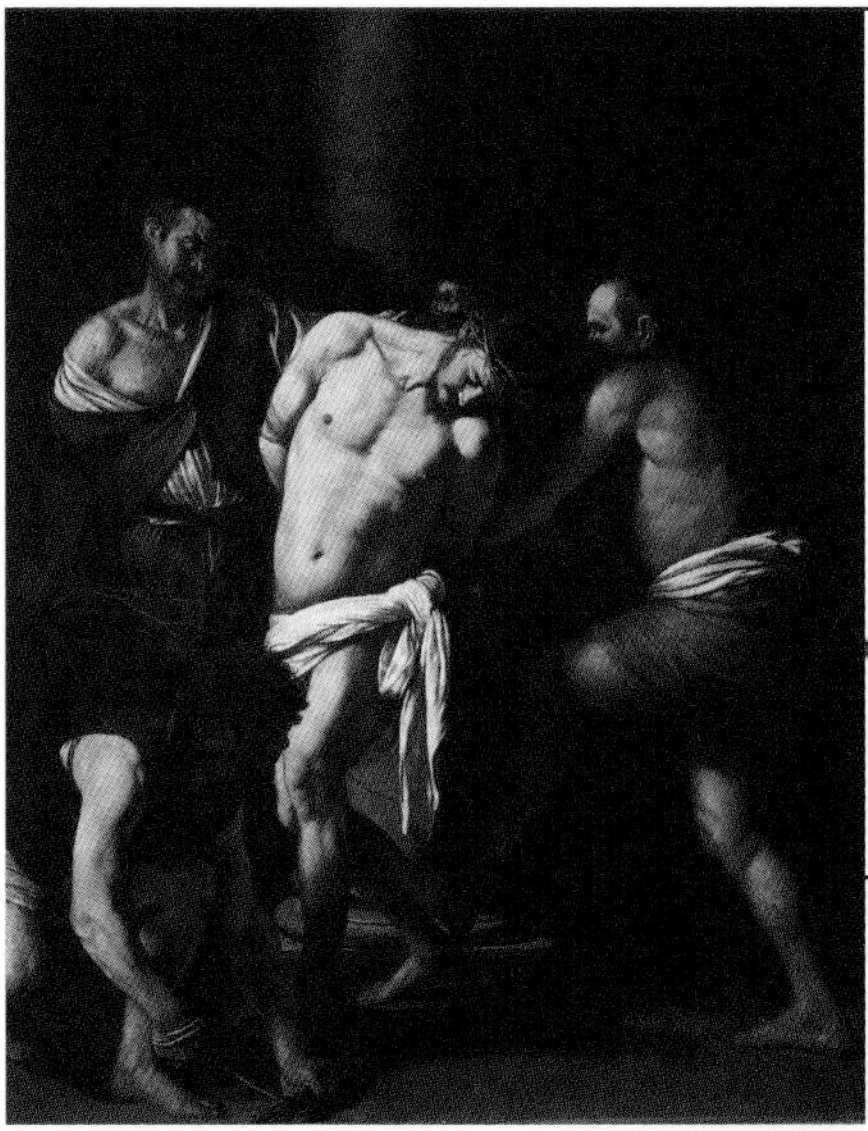

カラヴァッジョ 「むち打ち」 1607年
カポディモンテ美術館 ナポリ

2 兵士たちはイエスに荊の冠を被らせ、葦の棒を持たせた。

ヒーヒッヒッ
ヒッ

ヒエロニムス・ボス 「荊の冠をかぶるキリスト」
1510年頃 ナショナルギャラリー ロンドン

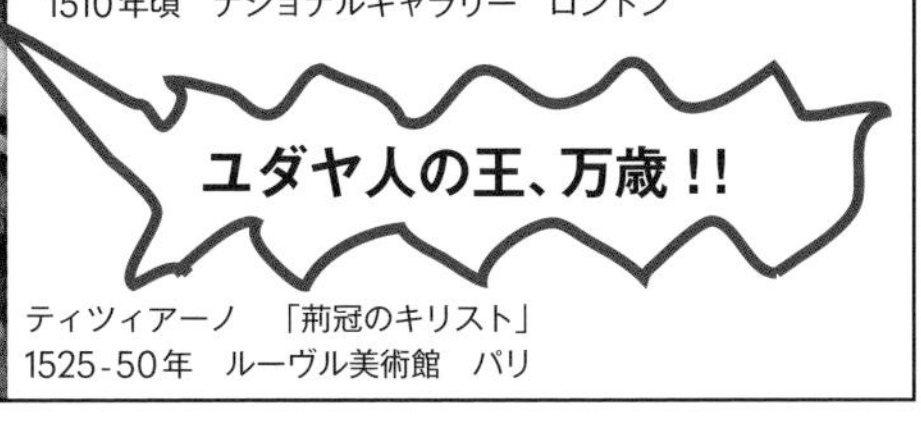
ユダヤ人の王、万歳！！

ティツィアーノ 「荊冠のキリスト」
1525-50年 ルーヴル美術館 パリ

十字架を背負う

むち打ち刑の後、満身創痍になったイエスは、さらに自ら十字架を背負い、ゴルゴタの丘を登らなければならなかった。

丘の頂上で待ち構える祭司や兵士たち

聖母マリアと女性の弟子たち

ヴェールを持つヴェロニカ

ティエポロ「ゴルゴタを背景にしたキリスト」1737-40年 サンタルヴィーゼ教会 ヴェネツィア

1 イエスは十字架を背負い、ゴルゴタ（されこうべの意）の丘を登っていった。

2 途中イエスが力尽きたため、兵士たちは、通りかかったシモンという※キレネ人に十字架を担がせた。

シモン

ドゥッチョ「カルヴァリオへの道」（部分） 1308-11年頃 シエナ大聖堂美術館 シエナ

※キレネとはローマ支配地の北アフリカの町。多くのユダヤ人離散民が住んでいた。

外典

ヴェロニカのヴェール

イエスがゴルゴタの丘への道を進む途中、ヴェロニカという女性がイエスの汗を自分のヴェールで拭った。すると、ヴェールにイエスの顔が浮かび上がるという奇跡が起こった。

ワー
ワ
ああ、なんてお気の毒な……!! 汗をふかせてください
オラ オラー
よけいな事するな!
ありがとう……

あら、不思議、イエス様のお顔が浮かび上がったわ

ロベルト・カンピン　「聖ヴェロニカ」
1428-30年　シュテーデル美術館
フランクフルト

メムリンク　「聖ヴェロニカ」　1470-75年頃
ナショナルギャラリー　ワシントン

十字架昇架

イエスは手足を釘で十字架に打ち付けられ、午前九時に磔刑に処された。

1 丘の上に到着し、兵士たちはイエスを十字架につけた。イエスの左右には他に二人の犯罪人も十字架につけられた。

イェルク・ブロイ（父）「十字架昇架」（部分）
1524年　ブダペスト国立西洋美術館　ブダペスト

ルーベンス　「キリスト昇架」
1611-14年　聖母大聖堂
アントウェルペン

2 ピラトは罪状を「ナザレのイエス、ユダヤ人の王」と書いて、十字架の上につけた。それを見た祭司長たちは、

「ユダヤ人の王」ではなく「ユダヤ人の王と自称した」と書き直してください～!
なんちゅーこっちゃ!!
祭司長→
ΙΗΣΟΥΣ ΝΑΖΟΙΟΣ ΒΑΣΙΛΕΥΣ ΙΟΥΔΑΙΩΝ
IESVS NAZARÆNVS REX IVDÆORVM
私が書いたのだ そのままに しておけ!
①ヘブライ語
②ラテン語
③ギリシア語
ピラト→

と抗議したが、受け入れられなかった。

3 十字架の下で、兵士たちはイエスの服をくじ引きして分けた。

嘆く天使たち→

12使徒のヨハネ
マグダラのマリア

←服を分ける兵士たち

嘆く聖母マリアと女性の弟子たち

ジョット
「キリスト昇架」
1304-06年
スクロヴェーニ礼拝堂
パドヴァ

4 磔刑の様子を見ていた民衆や祭司長たちはイエスをののしった。

他人は救ったのに、自分は救えないのか。メシア、イスラエルの王、今すぐ十字架から降りるがいい。それを見たら、信じてやろう！
おやおや、神殿を打ち倒し、3日で建て直す者よ。自分を救ってみろ！
父よ、彼らをお赦しください。自分が何をしているのか知らないのです…

5 十字架につけられた犯罪人の一人もイエスを侮辱したが、もう一人の犯罪人はそれをたしなめた。

メシアなら救ってみろ！
この方に罪はない
イエスよ、あなたの御国《みくに》においでになる時には、私を思い出してください。
あなたは今日私と一緒に楽園にいる。
天使
悪魔
婦人よ、ご覧なさい。(ヨハネは) あなたの子です。
(ヨハネよ、) 見なさい。あなたの母です。
しっかりやります っ!!
マグダラのマリア
聖母マリア
ヨハネ

ブラマンティーノ 「キリストの磔刑」 1503-11年
ブレラ美術館 ミラノ

十字架の下では聖母マリア、マグダラのマリアら女性の弟子たちとヨハネがイエスを見守っていた。

イエスは母とヨハネに語りかけた。この時より、ヨハネは聖母マリアを母として家に引き取り、生涯面倒を見た。

キリスト教のシンボルとなった図像

「磔刑図」の変遷

8世紀

中世の画家は、人間らしい表現の追求よりも様式化された図像を描くことが求められた。この画家は（非常に苦心して）イエスの体を組ひもで編まれたような形状で描いている。

目はしっかり開いている生きているイエスの表現

差し出された海綿がりんごみたい

手の表現が苦しい

作者不詳　「キリストの磔刑」福音書より　写本彩飾
750年頃　ザンクト・ガレン修道院図書館
ザンクト・ガレン

苦痛に身をよじらせるイエス

13世紀

初期ルネサンスにおいて、古代以来忘れられていた人間らしい表現が復活する。リアルな肉体を持ち、感情が感じられる。

チマブーエ　「磔刑」　1287-88年頃
サンタ・クローチェ教会　フィレンツェ

19世紀

象徴主義の画家ゴーギャンは単純化された新しい磔刑図を描いた。

このイエスはブルターニュ地方の農婦たちが見た幻影

ゴーギャン　「黄色のキリスト」　1889年
オルブライト＝ノックス・アート・ギャラリー
バッファロー

17世紀

漆黒の中、強烈な光で主題を劇的に浮かび上がらせるバロックの手法で、イエスの聖性を描き出している。

ベラスケス　「磔刑」　一六三二年頃　プラド美術館　マドリード

ただイエスのみ。究極に削ぎ落とされたイメージ

イエスの死

イエスは、十字架につけられてから六時間後に息を引き取った。

1 イエスが「渇《かわ》く」と言ったので、人々はぶどう酒をたっぷり含ませた海綿をイエスの口元に運んだ。
イエスはぶどう酒を口に含み、こうつぶやいた。
成し遂げられた。

2 昼の十二時頃から、空が急に暗くなり、十五時頃神殿の天幕が真ん中から裂けた。
何事ぞ!!
エリ、エリ、レマ、サバクタニ!!
わが神、わが神、なぜ私を
お見捨てになったのですか？
イエスはこう叫び絶命した。
本当にこの人は神の子だった…
←百人隊長

3 翌日は特別な安息日なので、遺体を十字架の上に残しておくことはできなかった。
足を折って死期を早める
脇腹を刺して死んでいるか確認
刺したところから血と水が流れ出た

ジェラルド・デ・ラ・ヴァレ　「槍でキリストの脇を刺すロンギヌス」
1626-67年

十字架降下

息絶えたイエスは十字架から下ろされた。

フィリッピーノの死後ペルジーノが仕上げた。マグダラのマリアとヨハネはラファエロ説も

ペルジーノ

ラファエロ

フィリッピーノ・リッピ制作部分
気丈にも十字架のそばに立ち続けた聖母マリア
マグダラのマリア
ヨハネ
←釘

フィリッピーノ・リッピのち
ペルジーノ　「十字架降下」
1504-07年頃
アカデミア美術館
フィレンツェ

1 アリマタヤのヨセフという身分の高い議員が、ピラトにイエスの遺体の引き渡しを願い出た。

アリマタヤのヨセフ
おそるおそる
イエスの隠れ信奉者だった
イエスの遺体を引き取りたいのですが…
持っていけ。好きにするがいい。
もう死んでしまったのか…

2 イエスは、アリマタヤのヨセフとニコデモによって十字架より降ろされた。

ニコデモ

マグダラのマリア
ヨハネ
聖母マリア
アリマタヤのヨセフ
ニコデモ

ペルジーノ　「キリストの哀悼」
一四九五年　パラティーナ美術館
フィレンツェ

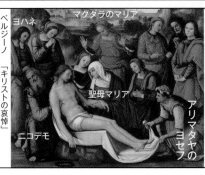

様々な「十字架降下」

全員が涙を流している
印象的な嘆きのポーズのマグダラのマリア
イエスと呼応するポーズの聖母マリアは悲しみのあまり失神している

ロヒール・ファン・デル・ウェイデン　「十字架降下」　1435年頃　プラド美術館　マドリード

ゴシックの伝統的な表現（ドゥッチョ）

ルーベンス　「十字架降下」
1611-14年頃
聖母大聖堂
アントウェルペン

『フランダースの犬』のネロとパトラッシュはこの絵の前で天に召された

マニエリスムの斬新な構図

←画家の自画像
マグダラのマリア
爪先立ちで軽々とイエスを担いでいる2人は天使だという説も

ポントルモ　「十字架降下」　1526-28年頃
サンタ・フェリチタ教会　フィレンツェ

哀悼（ピエタ）

聖母マリアは息絶えた息子イエスを膝に抱いてその死を悲しんだ。

ミケランジェロ
駆け出しの26歳の時の
超傑作

さすが
オレ

ミケランジェロ　「ピエタ」　1501年
サン・ピエトロ大聖堂　ヴァチカン

木も枯れている
悲しむ天使たち
ヨハネ
聖母マリア
マグダラのマリア

ジョット　「キリストの哀悼」　1304-06年頃
スクロヴェーニ礼拝堂　パドヴァ

先生…
おいたわしや…

聖母マリア、マグダラのマリアの他にも小ヤコブとヨセの母マリア、サロメなど大勢の女性信者が見守った

→この男性（寄進者）が誰かは不明

アンゲラン・カルトン
「アヴィニョンのピエタ」
1450-75年頃
ルーヴル美術館
パリ

イエスの埋葬

イエスはゴルゴタの丘の岩に掘られた墓に埋葬された。

カラヴァッジョ　「キリストの埋葬」
1600-04年　ヴァチカン美術館
ヴァチカン

ロヒール・ファン・デル・ウェイデン
「キリストの埋葬」
1460-63年
ウフィツィ美術館
フィレンツェ

当時の墓は岩を掘り、
石で蓋をすることが多かった

1 アリマタヤのヨセフはイエスの遺体をきれいな亜麻布に包み、自分のために用意していた新しい墓に納め、石の扉を置いた。
安息日が始まる前に終えなければ

2 イエスの埋葬を見届けた女性たちは、家に帰り、香料と香油を準備した。

3 翌日、祭司長たちとファリサイ派の人々はピラトに墓を見張る必要性を訴えた。
弟子たちが遺体を盗み出し「イエスは復活した」などと言いふらし、前より一層我々を惑わすかもしれません！

閣下、民を惑わすあの者は「自分は3日目に復活する」と言っていました!!

ですから
3日目まで墓を見張るように命令してください!!

あ〜も〜うっさいなぁ〜

ピラト

4 ピラトは許可した。
番兵にしっかり見張らせるがいい。
ご命令承りましてございまする
もういいかげんにしてくれ!
5 祭司長たちは、墓の石に封印をし、番兵を配置した。
よし!! ここまでやれば万全なはずじゃ!!
封印

イエスの復活

イエスは埋葬から三日目、かねてから預言していた通り復活した。

1 その翌日の明け方、マグダラのマリアたちは墓を見に行った。
だれか墓の扉の石をどかしてくれるでしょうか?
そうですね…
イエスに塗るための香油
2 突然、大きな地震が起きた。
グラグラグラ
3 見ると、天使が降りてきて石を転がし、その上に座った。天使は稲妻のように輝き、衣は雪のように白かった。
ベリッ
フムッ
ドンッ
恐ろしさのあまり震え上がり、死人のようになった番兵
アワワワ

こんなふうに復活したのよ

アンニーバレ・カラッチ　「墓の前の３人のマリア」
1595年　エルミタージュ美術館
サンクトペテルブルク

冬
春
復活の旗

ピエロ・デッラ・フランチェスカ　「復活」 1467年頃
サン・セポルクロ市民美術館　サン・セポルクロ

4 天使は婦人たちに言った。
恐れることはない。あの方はここにはいらっしゃらない。
急いで弟子たちのところに行って
「あの方は死者の中から復活された」と告げなさい。
確かに伝えましたよ
～なんと…!

5 婦人たちは恐れながらも大いに喜び、弟子たちに知らせるために走っていった。
まずい
奴らより先に祭司長に伝えなくては!!
早くみんなに知らせなくては!!

6
するとイエスが行く手に立って、こう言った。
「おはよう」
婦人たちは駆け寄り、イエスの足を抱き、その前にひれ伏した。
7
イエスは言った。
恐れることはない。私の兄弟たちにガリラヤに行くように言いなさい。そこで私と会うことになる。
ハイッ
8
番兵たちは婦人たちより早く都へ走って帰り、この出来事を祭司長たちに報告した。祭司長たちは多額の金を与えて口封じをした。
弟子たちが夜中にやって来て、自分たちが寝ている間に死体を盗んだ、と言いなさい！
え!? 怒られないで お金もらえるの!?!?~

グリュネバルト　「復活」(イーゼンハイム祭壇画より部分)　1512-16年　ウンターリンデン美術館　コルマール

黄泉《よみ》に降《くだ》るキリスト

イエスは埋葬から復活するまでの間に地下の冥界を訪れた。そこには洗礼を受けずに死んだため天国に行けず、サタンに囚われている子供を含む大勢の人がいた。イエスは扉を打ち倒して彼らの魂を救い出した。

イテー！
あー！　あいつ、つぶされたー！

フラ・アンジェリコ　「冥界のキリスト」　1438-52年
サン・マルコ美術館　フィレンツェ

アンドレア・ボナイウユート・ダ・フィレンツェ　「冥界のキリスト」
14世紀　サンタ・マリア・ノヴェッラ教会　フィレンツェ

イエス・キリストだって

あらまっ、ほんとにー？
うわ〜、みんな出てっちゃう

やぁ〜ね〜
ウワッ
申せ
モーセ
へ〜
あのお方に洗礼を授けたのこのオレね
アブラハム
洗礼者ヨハネ
ノア
ユディト
エバ
アダム
ありがたや〜
さあ皆さん出ましょう!!
あいたたた

ブロンズィーノ画

「黄泉に降るキリスト」

1552年　サンタ・クローチェ教会付属美術館　フィレンツェ

私が描きました
メディチ家の
お抱え画家だった
ブロンズィーノ

モーセ
アブラハム
画家ブロンズィーノ
イエス
洗礼者ヨハネ
アダム
イサク
エバ
ノア
ユディト
養父ヨセフ

ノリ・メ・タンゲレ（我に触れるな）

福音書記者ヨハネは、P92とは別の形でイエスがマグダラのマリアの前に現れたエピソードを書いている。

フラ・アンジェリコ
「我に触れるな」
1438-52年頃
サン・マルコ美術館
フィレンツェ

1 マグダラのマリアが泣きながら墓の中を見ると、白い衣を着た二人の天使が見えた。
なぜ泣いているのか？
ご遺体がどこに置かれたのか、わかりません。
2 マリアが振り向くとイエスが立っていたが、マリアはすぐにはイエスとわからなかった。
なぜ泣いているのか？誰を捜しているのか？
3 イエスを園丁《えんてい》だと勘違いしたマリアは言った。
あなたがあの方を運び去ったのでしたら、どこに置いたのか教えてください。私があの方を引き取ります。
園丁風の実はイエス
2人の天使
4 「マリア」とイエスが言うと、ようやく気づき、
ヘブライ語で先生の意
ラボニ!!

レンブラント 「我に触れるな」(部分)
1638年 バッキンガム宮殿 ロンドン

5 すがりつこうとしたマリアにイエスが言った。

私にすがりつくのは
やめなさい。まだ父のもとへ
上《のぼ》っていないのだから。

ジョット 「我に触れるな」 1304-06年頃
スクロヴェーニ礼拝堂 パドヴァ

ラボニ!!

コレッジョ 「我に触れるな」 1525年頃
プラド美術館 マドリード

6 さらにイエスは言った。

弟子たちにこう伝えよ
わたしの神であり、あなた方の
神である方のところに私は上る。

7 マリアは、捕まるのを恐れて家の戸に鍵をかけて隠れていた弟子たちのところに走って行った。

私は主を見ました!!
バーン
ウソだ!!

8 そこへイエスが来て、彼らの真ん中に立って言った。

あなた方に
平和があるように。
先生!!

9 イエスは彼らに言った。

全ての民を私の弟子にしなさい。
信じて洗礼を受ける者は救われる。
信じない者は滅びの宣告を受ける。

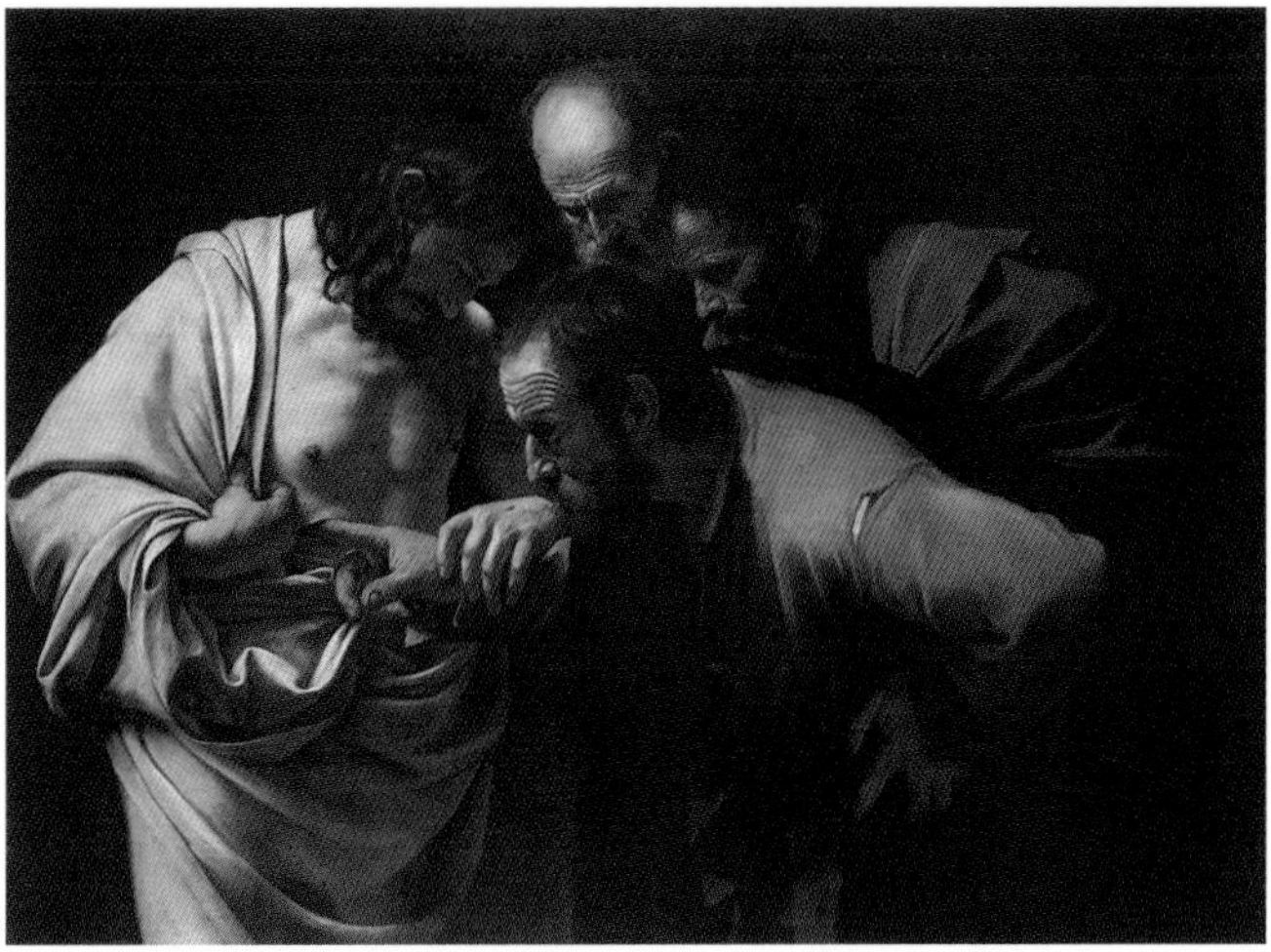

カラヴァッジョ 「トマスの不信」 1601年 サン・スーシ宮殿 ポツダム

トマスの不信

十二使徒の一人トマスは、イエスが弟子たちの前に現れた時、その場にいなかった。彼は自分の目でイエスを見るまで復活を信じないと言った。

1 トマスは他の弟子たちがイエスが復活したと言っても頑として信じなかった。
ほんとなんだって
あの方の手や脇腹の傷を見て、自分の指を釘跡に入れてみなければ信じないね。

2 八日後、トマスも含めた弟子たちが集まっているとイエスが現れた。
あなた方に平和があるように。
かぎかかってるのに!!
また来てくれた

3 イエスはトマスに言った。
私の脇腹に手を入れなさい。そして信じない者ではなく、信じる者になりなさい。
ヒャ～～

4 傷跡に手を入れたトマスは、イエスの復活を信じた。
私の主、私の神よ！
私を見たから信じたのか。見ないのに信じる人は幸いである。

ドゥッチョ 「トマスの不信」(部分) 1308-11年
シエナ大聖堂美術館 シエナ

エマオの晩餐

イエスはエマオという村へ向かう二人の弟子の前に現れ聖書の話をし、その夜食事を共にした。

カラヴァッジョ 「エマオの晩餐」 1601年 ナショナルギャラリー ロンドン

1 その日、二人の弟子（十二使徒ではない）が、一連の出来事について話しながらエルサレムからエマオに向かって歩いていた。
いやあ、ほんとにひどいことになったもんだ
まったくだ
2 するとある男性が近づいてきて一緒に歩き始めた。
なんの話をしているのですか？
実はイエス
あなたはエルサレムで、ここ数日に起こったことをご存じないのですか!？
3 どんなことか聞かれた二人は、
ナザレのイエスのことですよ。あのお方は本当に力のある預言者だったのに、なんと祭司長たちは十字架につけてしまったんですよ！

その後、埋葬されたのですが、3日後、仲間の婦人たちが、遺体がなくなって天使を見ただの、復活しただの言い出したんです！

信じられます!?

と、口々に語った。
4 それを聞いた男性は嘆きながらこうつぶやき、
ああ、なんて心が鈍く物わかりの悪い人々なのでしょう…。メシアは苦しみを受けて栄光に入るはずだったではないか!!

アレッ？

どしたのかナ？

旧約聖書のイエスについて預言されている箇所を次々と説明し始めた。

5 一行は目指す村に近づいたが、イエスはなおも先へ行こうとしたので、弟子たちは引き留めた。
今晩は一緒にここに泊まりましょう。そろそろ夕方になりますから。
あ…
あの…
そーだナ
つまり聖書に書かれていることとは…

6 イエスは二人と共に食事の席につき、祈ってからパンを裂いて渡した。その時ようやく二人の目が開け、イエスとわかった。
まさか……
キョエ

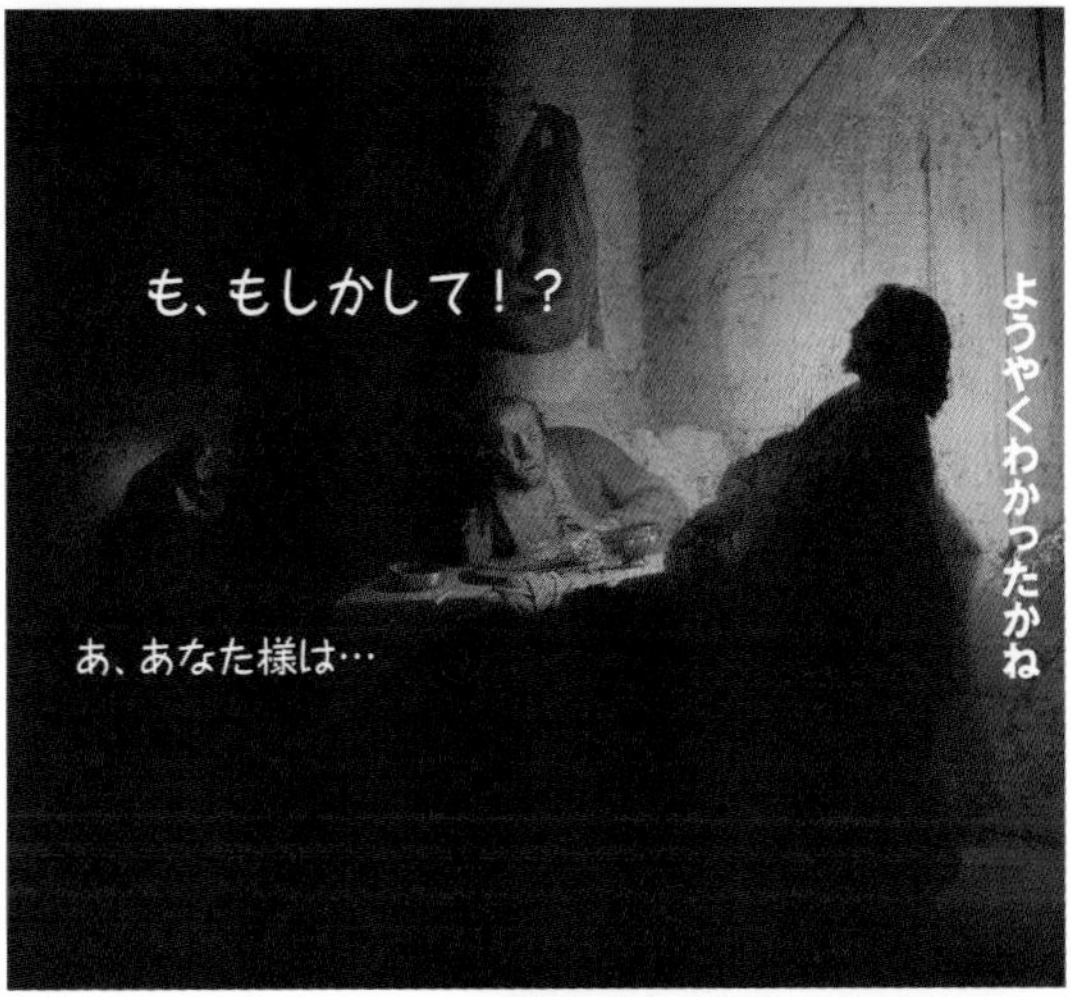
ようやくわかったかね
も、もしかして!?
あ、あなた様は…

レンブラント 「エマオの晩餐」
1628年
ジャックマール・アンドレ美術館
パリ

7 しかし、同時にイエスの姿は見えなくなった。
なんてこった! 今、気がついた!
だから道で聖書を説明してくださった時、私たちの心は燃えていたのか!
ガ

8 二人はすぐにエルサレムに戻り、弟子たちと話していると…
お前たちも見た!?
聞いてくれ!
オレの前にも現れたのよ
あなた方に平和があるように。
そこへイエスが現れた!

P.96・8コマ目に続く

七人の弟子たちの前に現れる

イエスは湖畔で漁をする七人の弟子たちの前に現れた。弟子の前に現れたのはこれが三度目であった。

イエスに気づき、上着を着て湖に飛び込んだペトロ↓

ヴィッツ　「聖ペトロの奇跡の漁獲」
1444年　美術歴史博物館
ジュネーブ

1 七人の弟子たちがティベリアス湖で漁をしていたが、その夜は何もとれなかった。
一匹もかからない…
空っぽ…

2 世が明けた頃、イエスが岸に立ち、弟子たちに声をかけた。
子たちよ、何か食べるものはあるか?
ありません。
まだイエスと気づいていない
舟の右側に網を打ちなさい。

3 言われた通りにするとたくさんの魚がかかった。ヨハネが「主だ」と言ったのを聞いたペトロは、上着をまとって湖に飛び込んだ。
主だ
わあ大漁だ重い…
ザパーン

4 岸には炭火がおこしてあった。イエスと弟子たちはとれた魚を焼いて朝食を共にした。
さあ、来て、朝の食事をしなさい。
153匹もとれました!
さあパンもあるよ
いただきます

イエスの昇天

イエスは四十日にわたって弟子たちの前に姿を現し、神の国について話した。そして天に上げられた。

「使徒言行録」より

1 弟子たちがイエスに尋ねた。

主よ、イスラエルのために国を建て直してくださるのは、いつですか？
父がご自分の権威をもってお定めになった時は、あなた方の知るところではない。

2 さらにこう続けた。

あなた方の上に聖霊が降《くだ》ると、あなた方は力を受ける。そして、エルサレムばかりでなく、ユダヤとサマリアの全土で、また、地の果てに至るまで、私の証人となる。

3 話し終えたイエスは、弟子たちの目の前で天に上げられた。イエスは雲に覆われて見えなくなった。

ああ…ついに行ってしまわれるんですね〜

レンブラント「天に昇るキリスト」1636年 アルテ・ピナコテーク ミュンヘン

4 弟子たちが天を見つめていると、白い服を着た二人の人が現れて言った。

ガリラヤの人たち、なぜ天を見上げて立っているのか？あなた方から離れて天に上げられたイエスは、また同じように天からおいでになる。

ジョット「キリストの昇天」一三〇四－〇六年頃 スクロヴェーニ礼拝堂 パドヴァ

三位一体とは

キリスト教絵画の中で、神様や鳩、イエスが一緒に描かれていることがあります。

これはキリスト教の「三位一体」という概念が元になっています。神は3つの位格（ペルソナ）を持つが、本質において一体であるという考え方です。この三位一体という言葉自体は聖書には出てきませんが、後のキリスト教の教義を決定する公会議で採択された考え方です。

父（神）＝子（イエス）＝霊（聖霊）
本質において一体
鳩の姿で描かれる
聖霊
ものすごい数の首だけ天使
（P.130参照）
私が描くとこうなる
デューラー
ワインをしみこませた海綿の付いた棒
父（神）
子（イエス）
槍や柱など受難の象徴を持つ天使たち
「十戒」の2枚の石板を持つモーセ
聖カタリナ（アレクサンドリアの）
聖アグネス
洗礼者ヨハネ

デューラーの
「諸聖人の絵」の模写（部分）
ループレヒト　1654年
美術史美術館　ウィーン

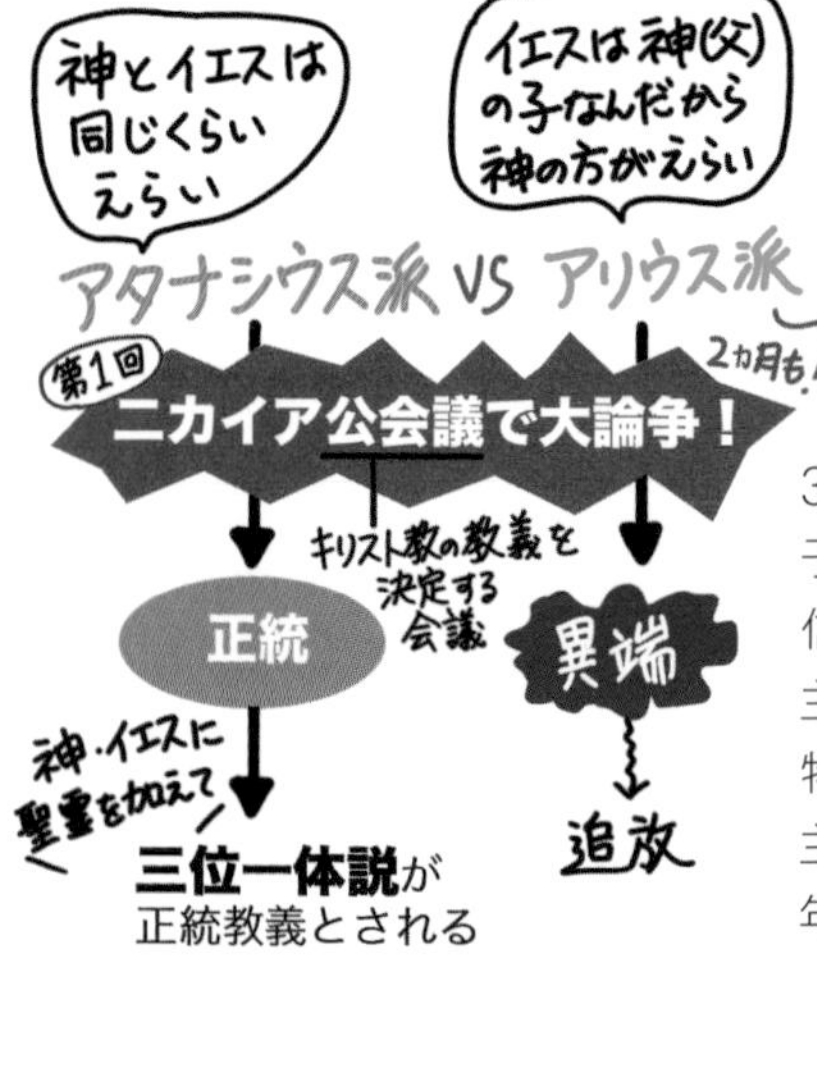

神とイエスは同じくらいえらい
イエスは神(父)の子なんだから神の方がえらい
アタナシウス派 VS アリウス派
2カ月も！
第1回
ニカイア公会議で大論争！
キリスト教の教義を決定する会議
正統
異端
神・イエスに聖霊を加えて
追放
三位一体説が
正統教義とされる

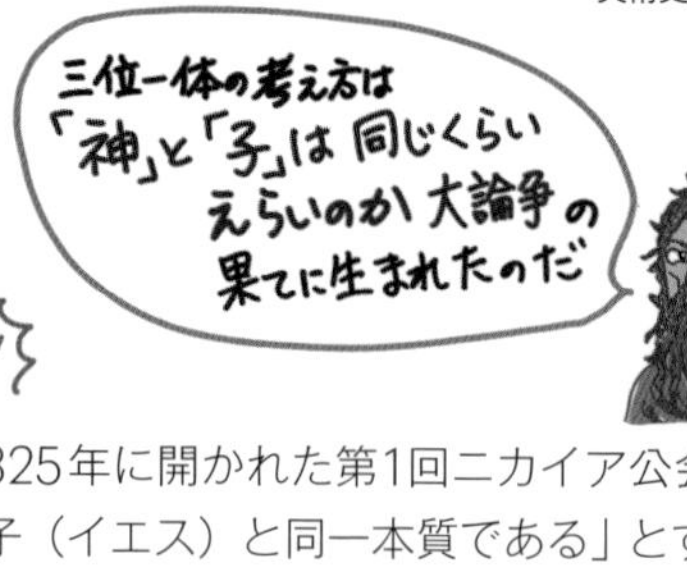

三位一体の考え方は「神」と「子」は同じくらいえらいのか大論争の果てに生まれたのだ

325年に開かれた第1回ニカイア公会議で「神は子（イエス）と同一本質である」とするニカイア信条（一般的にアタナシウス派と呼ばれる人々の主張）が採択された。それにより「子は父の被造物であるから神と子は同質（同格）ではない」と主張したアリウス派は異端とされた。その後381年に三位一体の考え方が正統な教義とされた。

第4章

弟子たちの働き

・使徒言行録
・手紙
・ヨハネの黙示録

「使徒言行録」「手紙」には
弟子たちがいかにキリスト教を
広めていったかについて
書かれている。
そして新約聖書は、
世界の終わりの時
イエスが再臨する様子を描いた
「ヨハネの黙示録」で幕を閉じる。

フラ・アンジェリコ 「最後の審判」 1425-30年 サン・マルコ美術館 フィレンツェ

キリスト教の広まりと使徒・弟子たちの働き

イエスが昇天するまでの使徒たちは、全くたよりない、小心者ぞろいでしたが、イエスが昇天した後「聖霊」が降ると、彼らは全くの別人と化しました。イエスの教えを広める使命に目覚めたペトロは、エルサレムを拠点に宣教を始めます。イエスを信じる人々は増えていき、ペトロたちは持ち物を共有し、集まって祈る共同体をつくりました。これが教会の始まりです。

エルサレムには、広大なローマ帝国の各地から多くのユダヤ人が集まり、ローマ帝国の公用語であるギリシア語を話すヘレニストと呼ばれる人々も多くいました。

イエスを信じるヘレニストの代表的な人物ステファノは、ユダヤ教徒を怒らせ、イエスの信者から出た最初の殉教者となりました。ユダヤ教徒による迫害が始まり、イエスの信者の多く（十二使徒を除く）は、エルサレムから各地方へ逃げました。それがエルサレムの外にもキリスト教が広がる最初の契機となりました。

また熱烈なユダヤ教徒でイエスの信者を迫

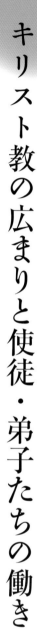

2世紀～3世紀（101～300年）
キリスト教徒迫害期
132年　第2次ユダヤ戦争
エルサレム破壊
エルサレムを追われるユダヤ人
4世紀（301～400年）
キリスト教 国教化へ
313年　ミラノ勅令
信仰の自由を認める
コンスタンティヌス帝
392年　ついに　キリスト教の国教化
パウロと関わりの深い2人の福音書記者
一緒に旅したらしい
マルコ
ぼくも
ルカ
ローマ市民権を持つパウロは地中海沿岸のトルコ中西部、ギリシアの諸都市を巡り、ローマ帝国内で宣教活動を行った。そして、各地にできた教会や信徒宛にたくさんの手紙を書いた
パウロの宣教の旅
皇帝ネロによる
64年　キリスト教徒大迫害
ローマの街に火をつけたのはキリスト教徒だ！皆殺しにせよ！
←完全なぬれ衣《ぎぬ》 本当は自分が火をつけさせたといううわさも…
66年　第１次ユダヤ戦争
ヨハネ
「ヨハネの黙示録」は1世紀末に書いたんだ
パウロ
アンデレ
ペトロ
この頃 重要な使徒たちが相次いで殉教

害する側の人間だったパウロも、生き方を大転換し、三回にわたる大規模な宣教旅行を決行し、イエスの教えを広める大きな役割を果たしました。

　しかし、ローマ帝国は徐々に広まりをみせるキリスト教（この名称は西暦百年頃から用いられた）に脅威を感じ、迫害を始めます。ペトロとパウロは、六十年頃、ネロ帝の大迫害の中で殉教したと考えられています。

　また、ユダヤ人は、ローマ帝国に対して二度（六六年、一三二年）、反乱（ユダヤ戦争）を起こしました。しかし、そのつど徹底的に鎮圧され、ついにエルサレムは神殿もろとも破壊され、ユダヤ人はエルサレムから追放されてしまいます。これによりキリスト教の活動の中心も、エルサレムからアンティオキア、アレクサンドリア、そしてローマへと移っていきました。

　困難な時代の中、キリスト教は着実に民衆の間に広まり続け、徐々にローマ帝国も無視できない存在になっていきました。そして、イエスの死から約三百六十年後、ローマ帝国の国教となりました。

聖霊降臨

イエスが昇天して十日後の五旬祭の日、ペトロら十二使徒たちや聖母マリア、百二十人のイエスの信者は、集まって祈っていた。

1 一同が集まっていると、突然激しい風が吹いてくるような音が天から聞こえ、家中に響き、炎のような舌が現れ…

何事で!
ビュオー

2 一人一人の上にとどまった。

エル・グレコ「聖霊降臨」1600年頃
プラド美術館　マドリード

3 一同は聖霊に満たされ、他の国々の言語で話し始めた。

アジアの言葉
エジプトの言葉
イエスは神の子
メソポタミアの言葉
イエスは神の子
カッパドキアの言葉
アラビアの言葉
キレネの言葉
イエスは
神の子
メディアの言葉で「イエスは神の子」…
聖霊が語らせた

4 大きな音に集まってきた人々はあっけにとられた。ペトロは他の十一人と共に立って、各地方の言葉で話し始めた。
ユダヤの方々、またエルサレムに住む全ての人たち、知っていただきたいことがあります。

今は朝の9時です。我々は酒に酔っているのではありません!

ぶどう酒に酔っぱらってるんじゃないのか!?

あいつら突然どうしたんだ!?

いったいこれはどういうことだ!?

旧約聖書の預言者が預言したことが今日起こったのです。あなた方が十字架につけて殺してしまったイエスこそ、神が救世主としておつかわしになった方であることを、あなた方は信じなくてはなりません。
兄弟たち、我々はどうしたらよいでしょう?
悔い改めなさい。そして、イエスの名によって洗礼を受け、罪を赦していただきなさい。そうすればあなた方も聖霊をいただくでしょう。
この日、三千人が洗礼を受け、仲間に加わった。

マゾリーノ 「説教する聖ペトロ」 1424-28年
ブランカッチ礼拝堂 フィレンツェ

聖ペトロ

十二使徒のリーダー・初代教皇

漁師
イエスに「岩＝ペトロ」と名付けられる
アラム語（ガリラヤの言葉）を話す
イエスから天国の鍵をもらう
イエスを3度否定した

アトリビュート（聖人を象徴する物） ・鍵 ・逆十字 ・横木3本の杖 ・雄鶏

1 ペトロとヨハネが神殿に祈りに行くと、門の前にいた足の不自由な男が施しを求めてきた。ペトロは言った。

私に金や銀はないが、持っているものをあげよう。イエスの名によって立ち上がり、歩きなさい。
何かいただけるんで？

マゾリーノ 「足萎えの治癒」（部分）

2 ペトロが男の右手を取ると、男はたちまち躍り上がるように立ち上がり歩き出した。

うおー！おれは生まれてから一度も立ち上がれたことがなかったのに、いきなり歩けた！

それを見ていた人々は皆、我を忘れるほど驚いた。

3 ペトロとヨハネが五千人もの民衆に話をしているのを見て、サドカイ派の祭司たちは脅威を感じ、彼らを捕らえ牢に入れた。

なぜ驚くのですか？この人が歩いたのは神がイエスにお与えになった力によるものです。
ちょっと
来てください

4 次の日、大祭司たちがペトロたちを尋問した。ペトロは以前とは別人のように、堂々とした態度で答えた。

お前たちは何の権威によって、ああいうことをしたのか？
だから！
あなた方が十字架につけて殺し、神が復活させたイエスの名によるものです！
せっかく親玉を始末したってのに!!
堂々!

5 大祭司は奇跡を目撃した民衆の手前、しぶしぶペトロらを解放した。

2度とイエスの名によって話したりするなよ!!

※ P.108-109の絵は全て「聖ペトロの生涯」より 1424-28年頃 ブランカッチ礼拝堂 フィレンツェ

アナニアとサフィラ

1 イエスの信者になった人々は、心を一つにして持ち物を共有し、分け合って暮らすようになった。ある日、アナニアという男が自分の土地を売った代金を持ってきた。
ペトロさん、土地を売って得た金を全て持ってきました。
本当は全額ではない↓
金

2 アナニアが代金の一部をかくしていることを見抜いたペトロが、そのことを指摘すると、アナニアはばったり倒れて息絶えてしまった。
どうしてこんなことをする気になったのか！あなたは神を欺いたのだ!!
怒

3 三時間ほど後、今度はアナニアの妻サフィラがやって来た。
あなたたちはこの値段で土地を売ったのか？
そうです。その値段です。
死んだ夫アナニア
マザッチョ　「共有財産の分配とアナニアの死」(部分)

4 サフィラも同じようにうそをついたので、その場で息絶えてしまった。
2人で示し合わせて神を試すとは…！夫を葬った人々が今度はあなたを運び出すだろう！
怒
バターン
この出来事を知った人々は非常に怖れた。

ペトロの行った数々の奇跡

ペトロの影に触れるだけで病が治った！

ありがたや〜
マザッチョ　「影で病を癒やす聖ペトロ」

死人も蘇らせた!!

マゾリーノ　「タビタの蘇生」(部分)

最初の殉教者 聖ステファノ

アトリビュート
・石

（たんこぶに見えるけど）石

ジョット 「聖ステパノ」 1330-35年
ホーン美術館 フィレンツェ

石→
信者の数が増えてきて、日々の分配で揉め事が多くなった。そこで評判の良い7人に分配を管理する仕事を任せたが、その筆頭がステファノじゃ。
論戦に強い
霊と知恵に満ちている
ヘレニスト（ギリシア語を話すユダヤ人）

1 ステファノは神の恵みと力に満ちていたので、議論してもたちまち論破した。腹を立てた人々はステファノを捕らえた。

ほなこんな場合はどうなんじゃ
そのような場合は
これこれこのように…スラスラ
なぬ～
あいつを捕まえろ
長老
ハッ

2 ステファノは最高法院で大祭司から尋問を受けた。

この男は、この聖なる場所と律法をけなして一向にやめようとしません。そして「**イエスは、この場所を破壊し、モーセが我々に伝えた慣習を変えるだろう**」なんて言っていました！
偽証人
大祭司
訴えの通りか？

3 ステファノがユダヤ教徒批判をしたので、人々は激しく怒り、市外に引き出して石を投げ始めた。

あなた方は正しい方を殺した。人の子が神の右に立っておられるのが見える。
キ～
なんだと～
歯ぎしり
ギリギリ
死ねー!!
殺害を見届けるサウロ（のちのパウロ）
主よ、この罪を彼らに負わせないでください!!

ビセンテ・ファン・マシップ 「聖ステファノの殉教」
1555-62年 プラド美術館 マドリード

こうしてステファノは最初の殉教者となった。その日、ユダヤ教徒による大迫害が起こり、イエスの信者の多くはエルサレムから各地に散っていった。

デューラー　「4人の使徒」より「パウロとマルコ」（部分）　1526年　アルテ・ピナコテーク　ミュンヘン

サウロ
パウロ
迫害者から伝道者へ
聖パウロ
アトリビュート
・剣
・書物
・巻物
ローマ市民権を持つ
アラム語、ギリシア語ペラペラ
律法に詳しい
家業は天幕（テント）職人
ユダヤ名サウロ、ローマ市民名パウロ
生前のイエスには会っていない
3度の大伝道旅行を行う
ローマ帝国の属州キリキアの州都タルソス生まれのユダヤ人

1 ステファノの殺害に賛同したサウロは、イエスの信者を迫害していた。彼は信者の家や共同体に押し入って荒らしまわり、男女を問わず牢送りにした。

「イエスがメシアだ」などと言いふらす、新しき邪教など根絶やしにしてやる!!
ぶっ殺してやる!
テメェラ!!
ヒエ〜
やばすぎる!!
パウロだ〜
ギャー

2 サウロは逃げていったイエスの信者たちを脅迫し、殺そうと意気込んで大祭司の書状を手にダマスコに向かっていた。突然、天からの光が彼の周りを照らし、サウロは地に倒れた。

サウロ、サウロ、なぜ私を迫害するのか?
主よ、あなたはどなたですか?
私はあなたが迫害しているイエスである。起きて町に入れ。そうすれば、あなたのなすべきことが知らされる。
ヤヤ…!?

カラヴァッジョ　「サウロの転落（聖パウロの回心）」
1600-01年　サンタ・マリア・デル・ポポロ教会　ローマ

3 周りにいた人々にもその声は聞こえたが、姿は見えなかった。地面から起き上がったサウロは目が見えなくなっており、手を引かれてダマスコに入った。
確かに声が聞こえたけど…

姿は見えない…

目が見えない!!
4 サウロはそれから三日間、目が見えず食べも飲みもしなかった。その頃、ダマスコにいたアナニアというイエスの弟子に呼びかけがあった。
サウロのところに行け
アナニア
えっ！でもその人は、あなたを信じる者たちを迫害していると聞きましたが…
5 アナニアは言われた通りに、出かけて行き、サウロの上に手を置いた。
行け！

あの者は異邦人や王たち、またイスラエルの子らに私の名を伝えるために、私が選んだ器である。

ハイッ 仰せのままに！

ん？
6 するとサウロの目からウロコのようなものが落ち、たちまち見えるようになった。
ポロッ
ポロッ
「目からウロコ」のエピソード
わぁぁ 主よ〜
この時サウロは回心し、洗礼を受けイエスの信者となった。
7 サウロはてのひらを返したようにイエスの教えを民衆に伝え始めた。それを見た人々は皆、唖然とした。
イエスこそ神の子なり!!
なんだってぇ!?
こいつ、この前と言ってることが真逆だぞ
唖然…
8 サウロはエルサレムにいるペトロら十二使徒たちにも会い、仲間となった。
ユダヤ人と異邦人に分け隔てはない
異邦人に宣教してください
承知しました！
あちこち行ってきます!!
サウロは伝道者パウロとなった。

パウロの伝道旅行

異邦人への宣教という使命を帯びたパウロは、ローマ帝国の諸都市を巡る大規模な伝道旅行を三回（＋ローマへ移送される旅）行った。そして精力的にイエスの教えを各地に広め、教会の設立・運営に尽力した。福音書記者となるルカ、マルコは、共に各地を回った旅仲間だったと言われている。（諸説あり）

マルコ
第1次伝道旅行に同行
いとこのバルナバと共にパウロに同行したけど、途中で喧嘩別れしてぼくだけ帰ってきちゃった。のちに最初の福音書を書いたよ。

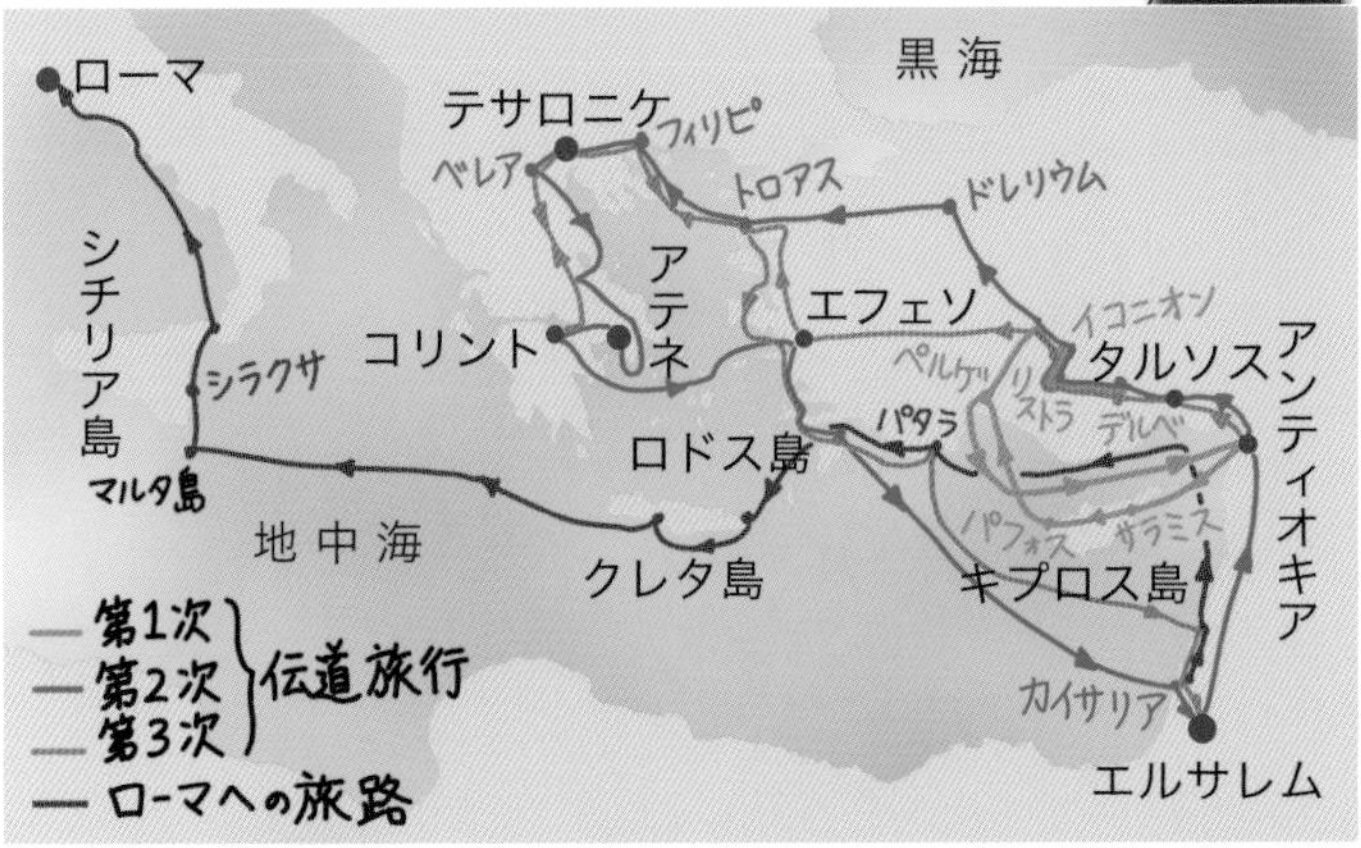
ローマ
シチリア島
シラクサ
マルタ島
地中海
黒海
テサロニケ
フィリピ
ベレア
トロアス
ドレリウム
アテネ
コリント
エフェソ
イコニオン
ペルゲ
リストラ
デルベ
タルソス
アンティオキア
パタラ
ロドス島
クレタ島
パフォス
サラミス
キプロス島
カイサリア
エルサレム
第1次
第2次
第3次
伝道旅行
ローマへの旅路

ギリシアやローマに同行
ルカ
ぼくはもともとは医者だったよ。パウロと共に旅した間に聞いたイエスの話を「福音書」に、使徒たちの話を「使徒言行録」に書いたよ。

それぞれの殉教

ローマ帝国による迫害で、使徒たちは次々と殉教した。

アンデレの最期

ペトロの弟アンデレは、X字形の十字架で処刑された。

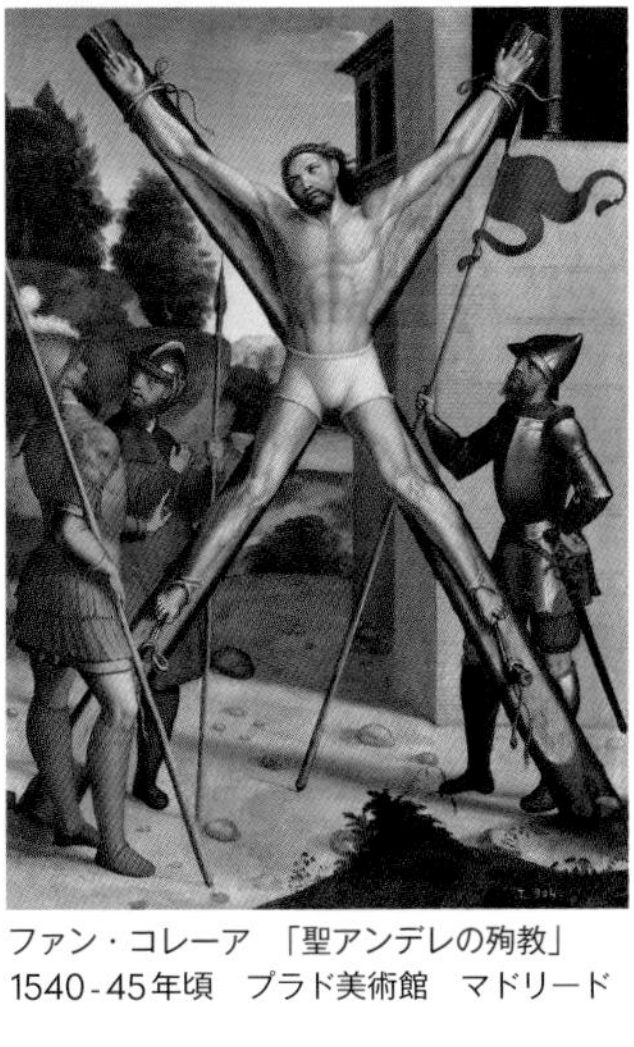
ならば私はXで

ファン・コレーア 「聖アンデレの殉教」
1540-45年頃 プラド美術館 マドリード

ペトロの最期

ローマに教会を設立したペトロは皇帝ネロの迫害の頃、逆さ磔《はりつけ》によって処刑されたと言われている。

イエス様と同じ処刑方法なんてもったいない！
十字架ならば逆さにしてやってくれい！

フィリッピーノ・リッピ 「聖ペトロの殉教」 1482-85年頃
ブランカッチ礼拝堂 フィレンツェ

パウロの最期

パウロの死に関する詳しいことはわかっていない。ペトロと同時期にローマで殉教したと考えられている。

ヨハネの黙示録より

最後の審判

世界の終末の日、裁きは下る

イエスの受難を象徴する道具を持つ天使たち
裁きを下すイエス
白百合＝罪なきもの
剣＝罪あるもの
12使徒
聖母マリア
洗礼者ヨハネ
天使がラッパを吹くと魂が蘇り、最後の審判が始まる
地獄行きが確定した魂を運ぶ悪魔
墓場から蘇る魂
天使と悪魔で魂の奪い合いが起こっている
善良な魂の方が重い
罪の重さを測る天秤と剣を持つ大天使ミカエル

〈中央パネル・最後の審判〉

メムリンク　「最後の審判」の祭壇画　1467-73年　グダニスク国立博物館　グダニスク

あー忙し！

荘厳なゴシック建築の天国の門
天国入りを祝福して
生演奏する奏楽天使たち
服を配る天使たち
善良な魂を迎える聖ペトロ

〈左翼パネル・天国の門〉

地獄の業火に投げ込まれる魂たち
恐怖におののく魂
一生懸命働く悪魔たち

〈右翼パネル・地獄〉

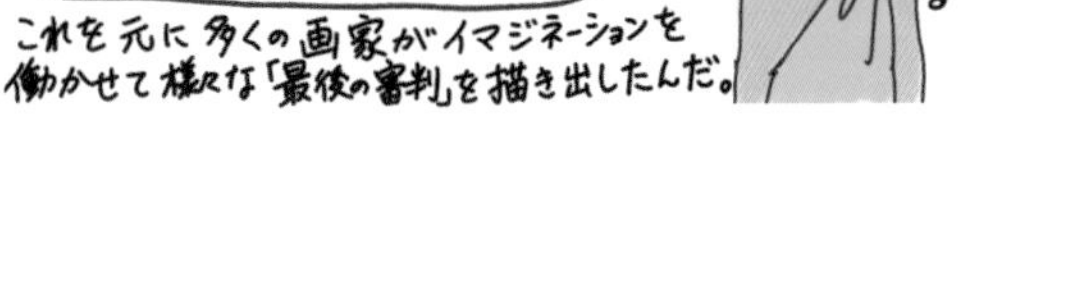
黙示録には「全ての死者が
命の書によって裁かれ、命の書に
名が記されていないものは火の池に
投げ込まれた」と書いたよ。
筆者とされる
使徒ヨハネ
これを元に多くの画家がイマジネーションを
働かせて様々な「最後の審判」を描き出したんだ。

付録 キリスト教美術に見る「聖人・聖女」

聖人・聖女とは、同じキリスト教でも宗派によって人選は異なりますが、カトリックの場合では教皇の権限で列聖された人物のことを指します。生前、信仰心が特に篤く、博識で高潔な生き方が信者の手本となるような人物であり、また殉教者の場合が多いです。絵に描かれる時は、決まった図像、アトリビュート（聖人を象徴する物）で、人物が暗示されます。

聖人たちは、病気や厄災からの守護を祈願する対象として、また様々な職業や町の守護聖人として人々の信仰を集め、多くの絵に描かれました。

洗礼者ヨハネ
聖アグネス
聖カタリナ（アレクサンドリアの）

フラ・アンジェリコ
「聖人と殉教者とキリストの先駆者」
1423-24年　ナショナルギャラリー
ロンドン

ずいぶんかかったわね

1900年頃のジャンヌ・ダルクのミニアチュール

聖人・聖女は増え続けている

今日でも、カトリック教会では特に徳と聖性の高かったと評価される人物に対し死後、申請、厳密なる調査（時には何百年もかけて）が行われ、教皇によって認められると列聖（聖人と認められる）が宣言されている。

ジャンヌ・ダルクは、異端として火あぶりに処せられたが、四八九年後の一九二〇年に列聖された。

近年ではマザー・テレサが二〇一六年に列聖されたことがよく知られている。

アトリビュートを覚えると、集団の中にいる聖人・聖女が、ある程度見分けられるようになるよ
洗礼者ヨハネ
私のアトリビュートは覚えているかな
P.34参照だ

『黄金伝説』の十五世紀の写本←

筆者はジェノヴァの大司教ヤコブス・デ・ウォラギネ

ここで紹介するのは、とても人気が高く名画が多い聖人たちだ。聖人の伝説に関しては13世紀に書かれた書物『黄金伝説』が有名
しかしこの書物、なかなかな分量ですな…
『黄金伝説』→

聖人・聖女アトリビュート 早見表

聖女		聖人		
聖カタリナ（アレクサンドリアの）	聖ウルスラ	聖フランチェスコ	聖ヒエロニムス	聖アントニウス
拷問具のトゲのついた車輪で処刑されそうになる場面	マントを広げて大勢の女性を庇護するポーズ	修道士の姿で聖痕を受ける、鳥に説教など	枢機卿の姿で荒野で修行 or 書斎で仕事	悪魔にいたぶられる老人
車輪 剣 書物	矢 小舟 マント お供の女たち	剃髪↘ 修道士スタイル ↑聖痕 三つの結び目 小鳥	むち 磔刑像 石 赤い帽子 ライオン どくろ 書物	ポカポカ 鈴 T字の杖 豚
聖アグネス	聖アガタ	聖ゲオルギウス	聖セバスティアヌス	聖クリストフォロス
裸に長く伸びた髪の少女	乳房を切られる or 切られた乳房を持つ	竜を退治する甲冑の騎士	体じゅうに矢が刺さったほぼ裸体の青年	赤ちゃん（イエス）を肩に乗せ川を渡る大男
短剣 しゅろ オリーブの枝 子羊	切り取られた乳房 お盆 やっとこ	長い槍 白馬 殺《や》られる竜	矢	大杖 河

聖アントニウス

悪魔のいじめに耐え抜いた最初の修道士

グリュネバルト 「聖アントニウス」
（イーゼンハイム祭壇画より部分）
1512-16年　ウンターリンデン美術館　コルマール

エジプト出身
251年頃、裕福なキリスト教信者の家に生まれる
20歳の時に家財を貧しい人に分け、洞窟で隠遁生活に入る
悪魔による様々な幻覚や誘惑に悩まされた
修道院制度の創始者
105歳まで生きた
ペスト、家畜（養豚）、疫病の守護聖人

1 アントニウスは両親を亡くした二十歳の時、隠遁生活に入ることを決意した。
財産を全て放棄して洞窟で暮らすのだ
本当に二十年実行した

2 悪魔がやって来て、アントニウスに様々ないやがらせをした。殴ったり、引きずり回したり…

3 時には、美女（悪魔）が取り囲んで誘惑したり…
さあさあ
召し上がりなさいよ
もうやめとくれ…

4 しかしアントニウスは屈せず、悪魔を退けた。そして、弟子をたくさん育て「修道士の父」と呼ばれるようになった。
負けんかったぞ…

ショーンガウアー 「聖アントニウスの誘惑」（部分） 1470-75年 銅版画

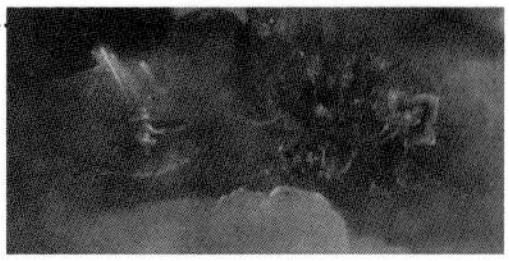
空でもドンぱち

いえ、遠慮しときます…
一緒に水浴びしましょうよ〜♥

パティニール　「聖アントニウスの誘惑」
1520-24年　プラド美術館　マドリード

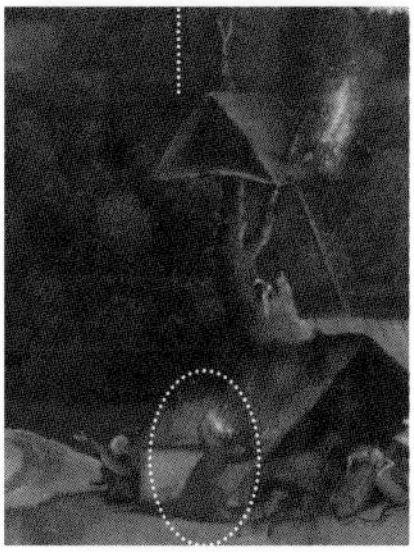

家に火をつけられ、
自分の頭にも火が燃え移って
逃げるアントニウス

諦観…

ヒエロニムス・ボス　「聖アントニウスの誘惑」
1510-15年以降　プラド美術館　マドリード

いーてててて〜

グリュネバルト　「聖アントニウスの誘惑」（イーゼンハイム祭壇画より部分）　1512-16年　ウンターリンデン美術館　コルマール

聖ヒエロニムス

ラテン語聖書に尽力した宗教学者

マザッチョ 「洗礼者ヨハネと聖ヒエロニムス」(部分)
1401-29年 ナショナルギャラリー ロンドン

ダルマチア(クロアチア)出身
347年頃生まれ
聖書をギリシア語からラテン語へ翻訳
超博識家
膨大な著作、翻訳、書簡を残す
聖職者、教師、学生、翻訳者、大学の守護聖人

1 ヒエロニムスはローマで神学を学んだ後、荒野で厳しい禁欲生活をした。

石で自らを打ちながら厳しい修行をしております!
磔刑像

クラーナハ(父)「荒野の聖ヒエロニムス」
一五〇二年 美術史美術館 ウィーン

2 教皇ダマスス一世の要請で聖書のラテン語訳に取り組む。

「ウルガタ聖書」
ラテン語の聖書の決定版となり、後世に多大な影響を与えた

3 ベツレヘムの修道院で、研究の日々を送っていると、ある時一頭のライオンが現れた。

あの～
足にトゲが刺さって痛いんです……
オヤ?
ウウ～
ライオンだ逃げろ

4 ヒエロニムスが刺さったトゲを抜いてやると、ライオンは終生ヒエロニムスに付き従った。

これは痛かったろう、抜いてやるぞ
ありがとうございます……

コラントニオ 「獅子のとげを抜く聖ヒエロニムス」
1440-70年頃 カポディモンテ美術館 ナポリ

書斎バージョン

さすが、俺。
押さえるべき要素はもちろんのこと、
他にも意味深なアイテムをいろいろ
描き込んだよ。
デューラー

ひょうたん
ヴァニタス＝
移ろいやすさの象徴
砂時計
枢機卿の帽子
ロザリオ
磔刑像
どくろ
書物
サンダル
犬
ライオン

デューラー 「書斎の聖ヒエロニムス」 1514年 銅版画

メッシーナ 「書斎の聖ヒエロニムス」 1475年頃
ナショナルギャラリー ロンドン

カラヴァッジョ 「執筆する聖ヒエロニムス」 1605年頃
ボルゲーゼ美術館 ローマ

こんなところにライオンの影！

聖フランチェスコ

フランチェスコ修道会の創始者

サン・フランチェスコ・バルディの師匠 「サン・フランチェスコ・バルディ」 13世紀
サンタ・クローチェ教会
フィレンツェ

1181年頃に生まれる
アッシジの裕福な毛織物商人の長男
若い頃は放蕩息子だった
幻視でキリストへの愛に目覚め、財産を放棄し隠者の生活を始める
フランチェスコ修道会を創始。インノケンティウス3世によって会則が認可される
清貧・純潔・従順がモットー
聖痕※を受ける
死後まもなく聖人に列聖された
髪型は頭頂部を剃るトンスーラ（剃髪）
茶色の布に腰紐（3つの結び目）がスタイル

イタリア、仕立て屋、商人の守護聖人

※キリストが磔刑の際に受けた傷と同じ傷が体に現れること

1 とても裕福な商人の家に生まれたフランチェスコは詩人になるか、騎士になって戦争で名を上げることなどを夢見る普通の若者だった。しかしある時、キリストが現れる幻視を見て信仰に目覚め、財産を全て貧者に分け与え、信仰の道に入った。

このバカ息子が!!
家も財産も全て放棄し、キリストに仕えます!
↑着ていた服まで放棄したので裸

ジョット 「財産の放棄」 1300-25年
フランチェスコ聖堂 アッシジ

ハッ
パパ!
ぼくは全てを放棄してキリストに仕えるよ!!
ぬわに〜 気でも狂ったか息子よ〜

2 フランチェスコは、壊れた教会を直しながら、施しを受ける生活を始めた。そのうち、フランチェスコの説教に感動した人々が集まり始め、フランチェスコ会が結成された。「清貧・純潔・従順」を旨に、労働によって世に奉仕し、施しを受けて共同生活する全く新しいタイプの修道会が誕生した。

フランチェスコは、神の創造物全てを愛したので、鳥にも分け隔てなく説教した

ジョット 「小鳥への説教」 1297-99年
フランチェスコ聖堂 アッシジ

熾天使《してんし》セラフィム(+イエス)によって聖痕を受けた瞬間

ジョット
「聖痕を受ける聖フランチェスコ」
1295年頃 ルーヴル美術館 パリ

人々から尊敬を集めたフランチェスコは1226年10月3日に息を引き取った。それからわずか2年後、列聖された。遺骸はサン・フランチェスコ聖堂に眠っている

ジョット 「聖フランチェスコの葬式」 1325年 サンタ・クローチェ教会
フィレンツェ

サン・フランチェスコ聖堂

世界遺産

フランチェスコの死後すぐに建設が始まったアッシジのサン・フランチェスコ聖堂は、今もキリスト教徒の重要な巡礼の地となっている。

聖堂内には非常に貴重な芸術作品が多く残されている。身廊の壁画は、ジョットによる傑作フレスコ画「聖フランチェスコ伝」(全二八場面)。他にもチマブーエ、シモーネ・マルティーニなどによるフレスコ画がある。

聖クリストフォロス

全世界を担うイエスを背負った巨人

ヒエロニムス・ボス　「聖クリストフォロス」
1500年頃　ボイマンス・ヴァン・ベーニンゲン美術館
ロッテルダム

カナン出身
250年頃没？
巨軀
いかつい面構え
世界一強い王に仕えたかった
幼な子イエスを背負い向こう岸へ運んだ

旅人、突然死、医者、庭師、現代の配達人、トラック運転手などの守護聖人

1 常々、この世で一番強い王に仕えたいと思っていたクリストフォロスは、ある隠修士からアドバイスを受けた。

それなら、川守りになって待っていなさい。悪魔にも打ち勝つキリスト様が現れるでしょう。
え、そうなんすか？

2 するとある日、クリストフォロスを呼ぶ子供の声がした。

私を向こう岸に渡してください。
へい、お安い御用ですが・・・

ギルランダイオ　「聖クリストフォロス」
一四六九‐九四年頃　メトロポリタン美術館
ニューヨーク

3 川を渡り始めると、どんどん水かさが増し、子供は鉛のように重くなった。

お坊っちゃま、世界をまるごと肩に乗せてもここまで重くはないってくらい重いんですが！
それもそのはず。私こそがこの世界を創造した王なのです。

ロレンツォ・ロット　「聖クリストフォロス」（部分）
1531年　ベルリン国立絵画館　ベルリン

4 幼な子イエスはその証拠に「杖に花を咲かせる」と言い残し、姿を消した。

ヤヤッ！

杖を土に挿しておくと翌朝、葉が茂り、実がなっていた。

聖セバスティアヌス

どんなに射られても死ななかったペストからの庇護者

グイド・レーニ 「聖セバスティアヌスの殉教」
1615年頃 赤の宮殿 ジェノヴァ

ミラノ育ち
3世紀末ローマで殉教
皇帝の近衛兵
美青年
隠れキリスト教徒
針ネズミのように射られても死ななかったが、撲殺された
非常に人気のある聖人で絵画にも多く描かれた

ペスト、射手、兵士、十字軍の守護聖人

針ネズミ風

クリヴェッリ 「聖セバスティアヌスの殉教」 一四九〇－九九年 ポルディ・ペッツォーリ美術館 ミラノ

1 セバスティアヌスはローマ皇帝に仕える近衛兵だったが、密かにキリスト教を信じ、信者を支援していた。

死を怖れることはありません
殉教者をはげましていた→
あ～おかげで怖くなくなったよ

2 しかし、皇帝に信仰がばれて、弓矢で処刑されることになったが、どれだけ射られても死なず…

いくら射っても
こいつ死なねえ!

ポッライウォーロ
「聖セバスティアヌスの殉教」
1475年 ナショナルギャラリー
ロンドン

3 イレネという女性に介抱されて一時は回復するも…

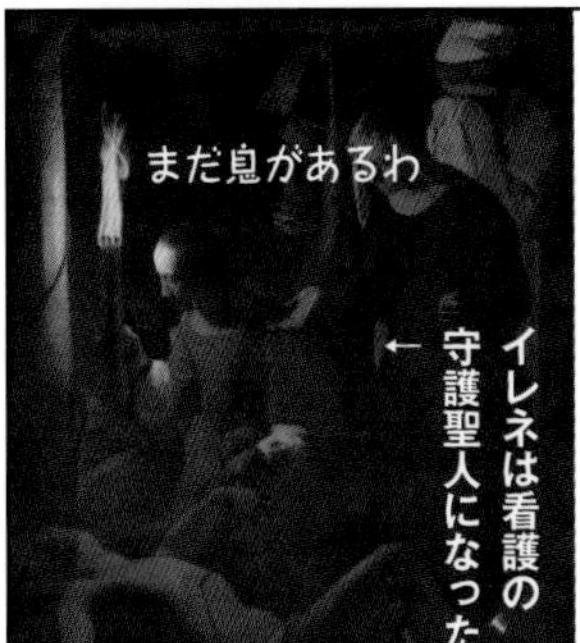

まだ息があるわ
イレネは看護の守護聖人になった

ラ・トゥール 「イレネに介抱される聖セバスティアヌス」
1649年頃 ルーヴル美術館 パリ

4 再び捕まり、殴り殺された。遺体は下水溝に投げ込まれた。

聖ゲオルギウス

竜を退治してお姫様を救った白馬の騎士

クリヴェッリ　「聖ゲオルギウス」　1472年
メトロポリタン美術館　ニューヨーク

カッパドキア出身
303年頃殉教
ローマ軍の将校
理想の騎士像で大人気
竜の生贄《いけにえ》にされそうになっていた王女を助ける
数々の拷問に耐えた後、殉教

多くの国家（イングランド、ギリシア、ジョージアなど）、都市、騎士団の守護聖人

1 リビュアの町の人々は毒を撒き散らす竜をなだめるために、毎日羊一匹と人間一人を生贄にさしだしていた。

ハア〜
羊一匹
人間一人

2 ある日、王女が生贄にされそうになっているところにゲオルギウスが通りかかり、あっという間に竜を生け捕りにした。

ウッチェロ　「聖ゲオルギウスと竜」　1470年頃
ナショナルギャラリー　ロンドン

3 子犬のようにおとなしくなった竜と助けた王女を連れて町に戻ってきたゲオルギウスは、町の人々にこう言った。

私はあなた方を助けるために神に遣わされました。さあ、みんなキリストを信じて洗礼を受けなさい。そうすれば竜を殺してあげます。
ク〜ン
な、なんと！

4 王を筆頭に全住民が洗礼を受けた。ゲオルギウスは約束通り竜を退治した。

や〜ら〜れ〜た

聖女列伝

拷問に耐え信仰を貫き通し伝説となった美しく聡明な女性たち

メムリンク「乙女たちを守るウルスラ」(「聖ウルスラの聖遺物箱」より) 一四八九年 メムリンク美術館 ブリュージュ

聖ウルスラ

一万一千人の処女と共に殉教した

ケルン、若い娘たちの守護聖人

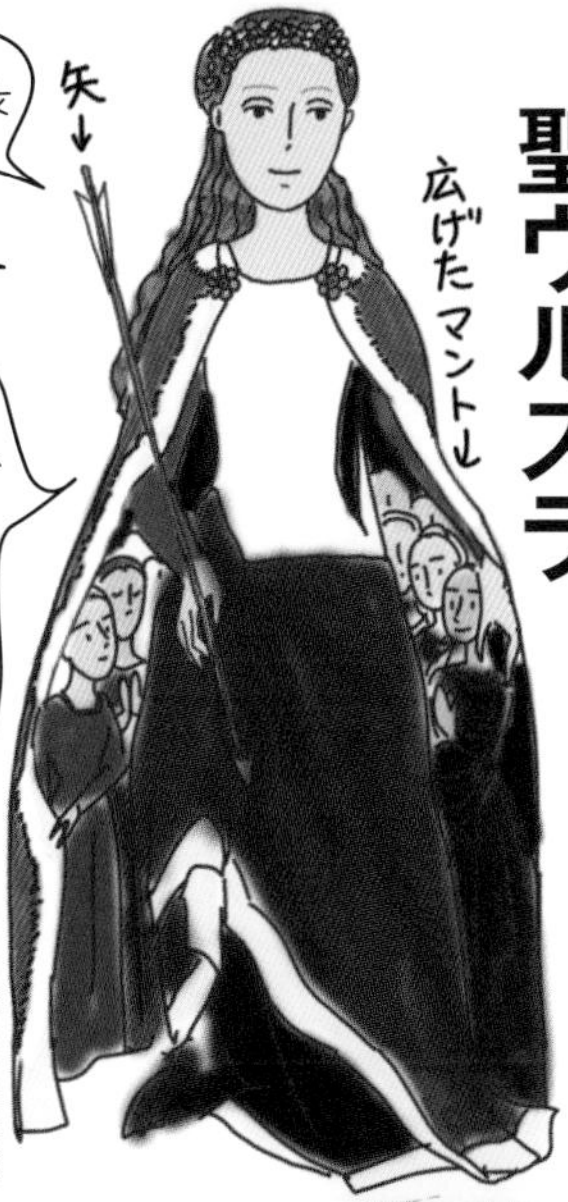

ブリタニアの王女
304年？頃殉教
インググランドにあった
国の王子から求婚されると、
王子のキリスト教への
改宗及び彼女の
ローマへの巡礼
（1万1000人の処女を
お供にする）を
条件に承諾する
矢↓
広げたマント↓

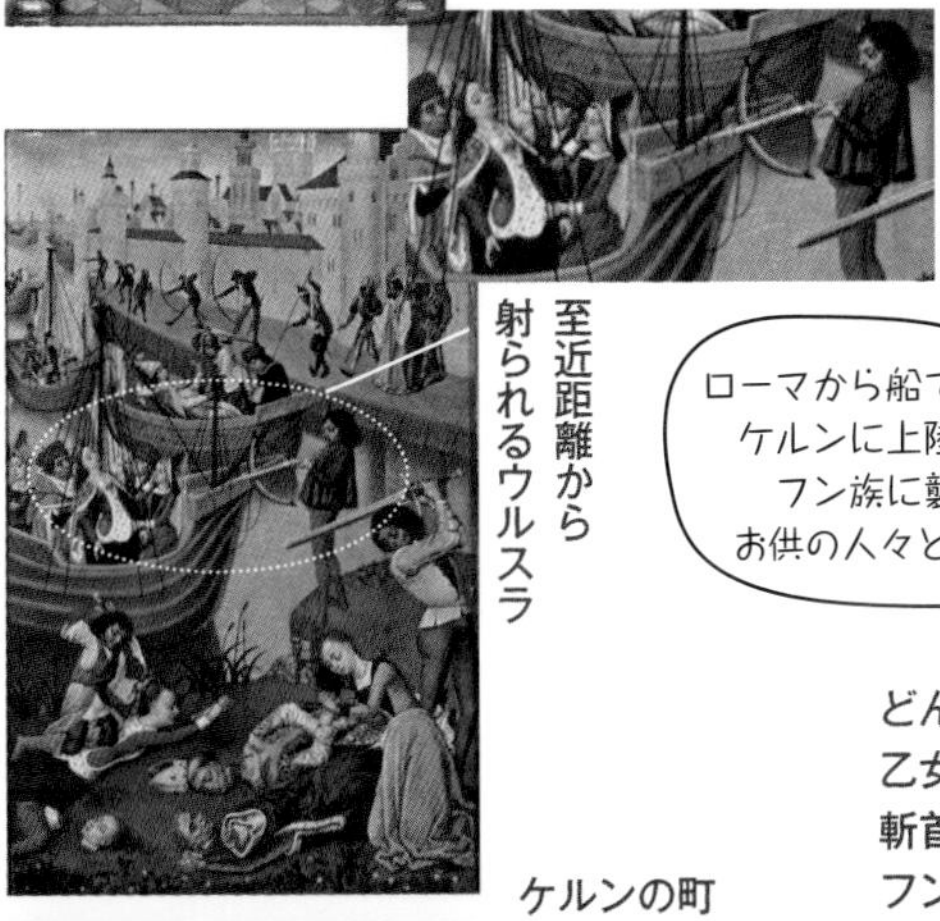

至近距離から射られるウルスラ

作者不詳「ウルスラの伝説」 一五世紀後半 グルーニング美術館 ブリュージュ

ウルスラ
ローマから船で帰る途中、
ケルンに上陸すると、
フン族に襲われ、
お供の人々と共に殉教
どんどん
乙女たちを
斬首していく
フン族の兵士

ケルンの町

作者不詳 「ウルスラ」 1411年頃 ヴァルラフ・リヒャルツ美術館 ケルン

車輪の拷問具で八つ裂きにされそうになった聖女

アレクサンドリアの聖カタリナ

少女、処女、生徒、教師、弁護士、神学者、車大工などの守護聖人

カラヴァッジョ
「アレクサンドリアの聖カタリナ」
1597年頃　ティッセン＝ボルネミッサ美術館　マドリード

キプロス王の娘
高い教養を持つ美女
50人の異教徒の哲学者を論破し、キリスト教に改宗させた
イエスと「神秘の結婚」をした
車輪の刑では天使によって助かる
その後4世紀初めにアレクサンドリアで斬首され殉教
↗車輪

指輪をはめてる↑

聖母マリアの仲介でイエスと「神秘の結婚」をしたシーン

コレッジョ　「聖カタリナの神秘の結婚」（部分）
1526-27年　ルーヴル美術館　パリ

天使が車輪を打ち砕きに来ている

車輪の刑が執行されようとしている場面↓

↓いよいよ斬首される瞬間

稲妻が刑具を打ち砕くバージョン、まるで
←SF大戦争のような迫力

ルーカス・クラーナハ（父）　「聖カタリナの殉教」
1508-09年頃　ラーダイ改革派教会　ブダペスト

→トゲがついた左右の車輪は、それぞれ反対方向に廻り、体を八つ裂きにする拷問器具

フェラーリ　「聖カタリナの殉教」　1540年
ブレラ美術館　ミラノ

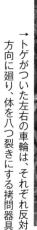

聖アガタ

乳房を切り取られた聖女

パン職人、乳がん患者などの守護聖人

シチリア島カターニアの貴族の生まれ
総督の愛人になるのを断ったため火あぶりにされそうになるが助かる
両乳房を切り落とされたが聖ペトロが現れ、傷を癒やす
その後殉教
おっぱいがシンボルよ

↑お盆に載せているのは切り取られた乳房

スルバラン 「聖アガタ」 1635-40年
ファーブル美術館 モンペリエ

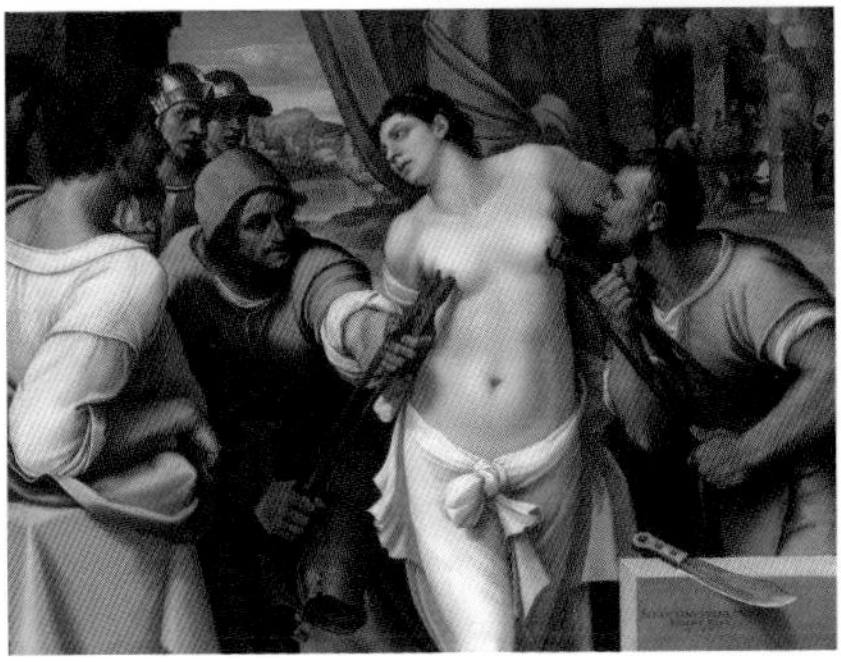

やっとこで乳首を引きちぎろうとする刑執行人。ナイフも用意←

ピオンボ 「聖アガタの殉教」 一五二〇年
パラティーナ美術館 フィレンツェ

聖アグネス

裸で娼婦宿に投げこまれた少女

純潔、庭師、少女、夫婦の守護聖人

13歳で殉教
長官の息子からの求婚を拒んだため、衣服をはぎ取られ娼家に送られたが、髪が伸びて全身を覆った
その後殉教
しゅろの枝↓
子羊（キリスト）→

子羊＝キリスト
アグネスはキリストと「神秘の結婚」をしている

みるみる髪が伸び、全身を覆ったところ←

リベラ 「聖アグネス」 1641年
アルテ・マイスター絵画館 ドレスデン

ヨハン・シュラウドルフ 「聖アグネス」
1842年 ノイエ・ピナコテーク ミュンヘン

我々はどの辺だろ?
やっぱヒラじゃない?

天使の階級

宗教絵画の中にはたくさんの天使が登場します。受胎告知をする重要な役割を担った主役級の大天使から、空を舞う複数のエキストラレベルの赤ちゃん天使まで実に様々です。彼らには実は厳密な階級（５世紀頃に体系化）があります。位が高そうな大天使が下級天使だったりするなど思いもよらぬ発見があり、階級を知ると天使の見え方が変わってくるでしょう。

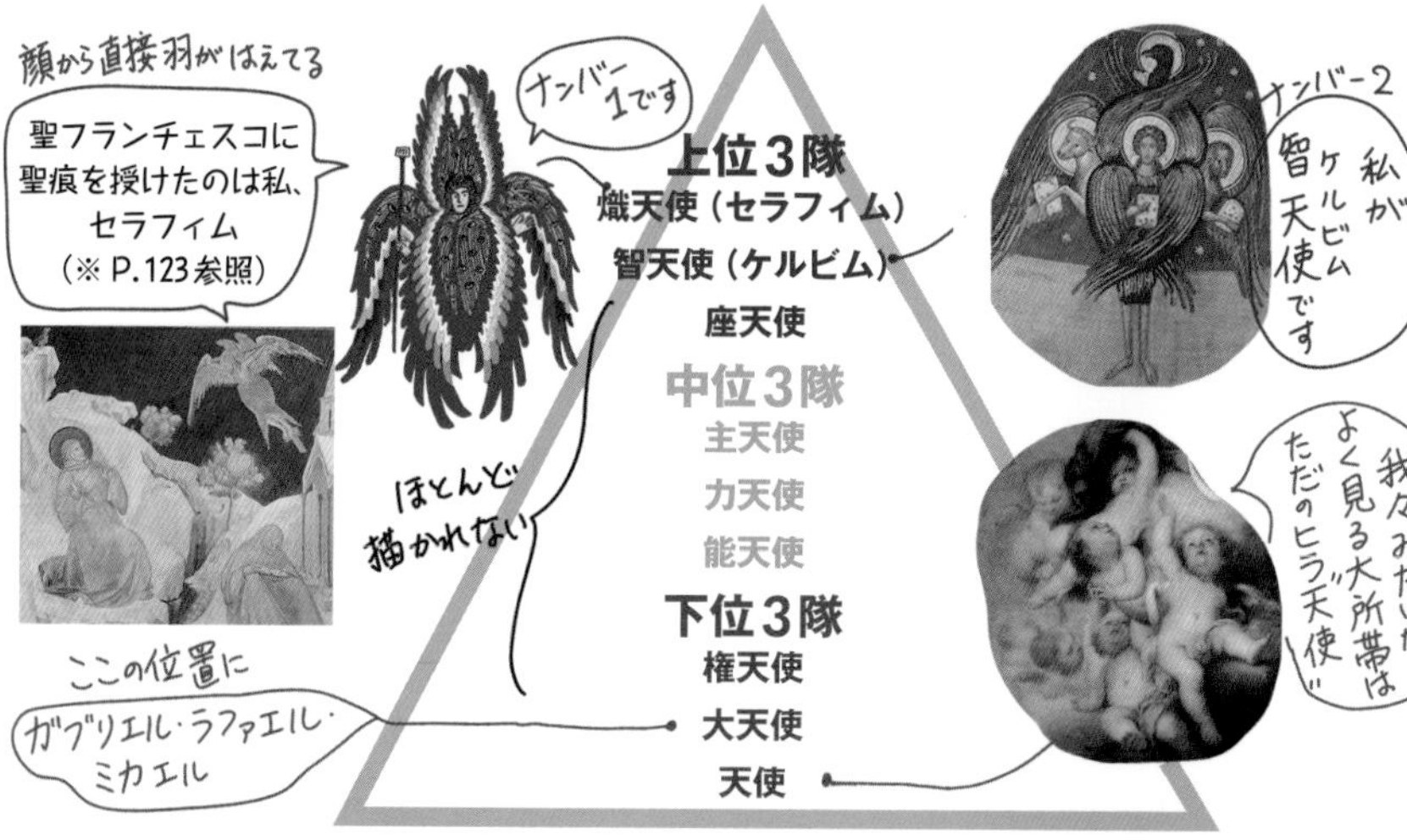
顔から直接羽がはえてる
聖フランチェスコに聖痕を授けたのは私、セラフィム（※ P.123参照）
ナンバー1です
上位３隊
熾天使（セラフィム）
智天使（ケルビム）
座天使
中位３隊
主天使
力天使
能天使
下位３隊
権天使
大天使
天使
ほとんど描かれない
ここの位置に
ガブリエル・ラファエル・ミカエル
ナンバー2
私がケルビム智天使です
我々みたいなよく見る大所帯はただのヒラ天使"

◆◆◆ ヒエラルキー通りに並んだ天使軍団 ◆◆◆

上位三隊
中位三隊
下位三隊

ボッティチーニ　「聖母戴冠」（部分）　1475-76年頃　ナショナルギャラリー　ロンドン

◆◆◆ 絵の中によく現れる天使 ◆◆◆

天使
上の方にいて大きいけど私たちはヒラの天使
熾天使 or 智天使
顔だけの我々が最上位天使
天使
奏楽天使もヒラよ

ペルジーノ　「コルチャーノの祭壇画」(部分)　1513年　サンタ・マリア教会
コルチャーノ

大天使

ミカエル

堕天使や悪魔、竜と闘う
など、軍事行動担当

剣
甲冑
覚悟!
羽
成敗担当

※聖ゲオルギウスとの見分け方は"羽"の有る無し

ジョルダーノ　「堕天使を深淵に
落とす大天使ミカエル」(部分)
1660-65年頃　美術史美術館
ウィーン

ラファエル

人間の保護者的役割
病気なども治す

大丈夫だよ
持ち物特にナシ
癒やし担当

※ラファエルは「トビアス」で登場

フィリッピーノ・リッピ
「トビアスと天使」(部分)
1475-80年　ナショナルギャラリー
ワシントン

ガブリエル

人間に神の意志を伝える
役目を担う

あのですね…
告知担当
白百合

フラ・アンジェリコ　「受胎告知」
1426年頃　プラド美術館　マドリード

あなたは誰タイプ？

スタート

**夏が好き？
冬が好き？**

a. 夏
b. 冬

人前で話すのが好き？

a. yes
b. no

修行的なことやってみたい？

a. yes
b. no

猟師 or 漁師、どちら向き？

a. 猟師
b. 漁師

タイムマシンで行くなら

a. ルネサンス時代
b. ローマ時代

宴会は好き？

a. yes
b. no

出世欲は強いほう？

a. yes
b. no

けんかの仲裁は得意？

a. yes
b. no

流行にのるほう？

a. yes
b. no

元気がいいね、とよく言われる

a. yes
b. no

ヒーローは絶対マッチョタイプがいい

a. yes
b. no

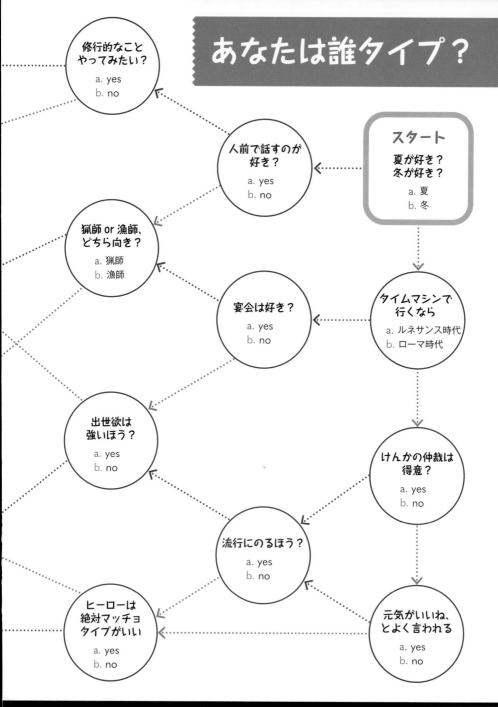

頼れる兄貴的存在

時代の一歩先ゆく先見の明があるけれど、自分の実力もよく知っているあなた。あなたを慕う人も多いはず。

洗礼者ヨハネ

肝の据わり具合はギネス級

生半可なことでは動じないあなたは大きな仕事を任されるかもしれません。その時は甘んじて受けましょう。

聖母マリア

懐の大きさナンバーワン

どんな不条理な出来事にもグッと我慢して最良の行動が取れるあなたの愛は世界一かも。

養父ヨセフ

オールマイティな秀才タイプ

数字に強いので自分は理系と思っているけど、文章で歴史に名を残す仕事をするかも。

マタイ

決定的瞬間に立ち会う運命

いつも控えめにリーダーを支える役目が得意なあなた。ここぞという重大場面の目撃者になるかも。

マグダラのマリア

責任ある立場で能力発揮

失敗しがちで自信がなくても、責任感が芽生えるとめきめき力を発揮するタイプ。鍵の管理も得意。

ペテロ

極端な生き方転換をしても吉

人にどう思われようが自分の信じた道を猛進できるあなた。類いまれな行動力で大きな足跡を残すかも。

パウロ

悪い人じゃないのに悪人役

責任ある立場は好きだけど、実はとても優柔不断なあなた。自分が不本意な判断は下さないように。

ピラト

謎に包まれた世界的悪役

時として自分でも思いもよらない行動を取ってしまうあなた。衝動的な行動が命取りになるやも。

ユ　ダ

リーダー向きだと思う？
a. yes
b. no

誤解されやすい？
a. yes
b. no

衝撃的ニュースにパニックになりがち？
a. yes
b. no

親戚に有名人がいる？
a. yes
b. no

お金の管理は得意？
a. 得意
b. そうでもない

共同生活できる？
a. yes
b. no

語学が得意？
a. yes
b. no

迷った時は直感に頼る？
a. yes
b. no

大切な人を裏切ったことがある？
a. yes
b. no

映画に出るとしたら自分は悪役だと思う？
a. yes
b. no

おわりに

初めて『新約聖書』を通して読んだのですが、小説のようにスラスラ読むというわけにはいかず、なかなか理解が難しいエピソードも多々ありました。しかし、絵画を通して知っているお話になると「あ、この話知ってる！　なるほど、こう書かれていたのを元に、画家はあんな風に描いたのね〜」と俄然興味がわき、絵の持っているパワーを改めて感じました。

そして今回『新約聖書』を通して描くという仕事を終え、自分に大きな変化が起きていることに気がつきました。それは、西洋絵画の画集を開いた時、どの絵もどれひとつとして素通りできないようになっていたのです。

以前は関心を示せなかったような絵でも、「あ、これ、イエスの受難にまつわる道具が並べられているんだ」とか、風景画を見ても「どこかに小さく変な悪魔にいたぶられている聖アントニウスとかいないかな？」と隅々まで目を凝らして見るようになったりと、興味の対象が格段に増えていて、見ていて飽きることがありません。

聖書のストーリーを知り、さらにアトリビュートなど図像学的なことについても知識を深めると、こんなにも美術鑑賞に変化をもたらすのか、と驚きました。この本を読んだ読者のみなさまも同じような体験をしていただけたら、これ以上の喜びはありません。

要所を押さえた的確なアドバイスで今回も完成まで導いてくださった河出書房新社の竹下純子氏と、細かなところまで読み込んで本書のブラッシュアップに貢献してくださった校正者様、また「キリスト教とはなんぞや」という問いに根気よくつきあってくれた家族に深く感謝いたします。

参考文献

共同訳聖書実行委員会	『聖書　新共同訳　旧約聖書続編つき』 1995 年　日本聖書協会
犬養道子	『新約聖書物語』 1976 年　新潮社
荒井献 編	『新約聖書外典』 1997 年　講談社文芸文庫
日本聖書協会、町田俊之監修	『アートバイブル』 2003 年　日本聖書協会
日本聖書協会、町田俊之監修	『アートバイブル II』 2008 年　日本聖書協会
脇田晶子	『聖書物語新約編 (1) イエス・キリストの福音』 1992 年　女子パウロ会
脇田晶子	『聖書物語新約編 (2) 使徒たちの宣教と手紙』 1992 年　女子パウロ会
諸川春樹監修	『西洋絵画の主題物語（Ｉ）聖書編』 1997 年　美術出版社
加藤隆	『「新約聖書」の誕生』 2016 年　講談社学術文庫
バート・D・アーマン	『書き換えられた聖書』 松田和也訳　2019 年　ちくま学芸文庫
白取春彦	『この一冊で「聖書」がわかる！』 2015 年　三笠書房
生田哲	『早わかり聖書』 2000 年　日本実業出版社
竹下節子	『キリスト教』 2002 年　講談社選書メチエ
ヤコブス・デ・ウォラギネ	『黄金伝説 1』 前田敬作・今村孝訳　1979 年　人文書院
ヤコブス・デ・ウォラギネ	『黄金伝説 2』 前田敬作・山口裕訳　2006 年　平凡社
ヤコブス・デ・ウォラギネ	『黄金伝説 3』 前田敬作・西井武訳　2006 年　平凡社
ヤコブス・デ・ウォラギネ	『黄金伝説 4』 前田敬作・山中知子訳　2006 年　平凡社
山形孝夫	図説『聖書物語　新約篇』新装版　2017 年　河出書房新社
ジェイムズ・ホール	『西洋美術解読事典　絵画・彫刻における主題と象徴』新装版　2021 年　河出書房新社
早坂優子	『天使のひきだし　美術館に住む天使たち』 1995 年　視覚デザイン研究所
早坂優子	『マリアのウィンク　聖書の名シーン集』 1995 年　視覚デザイン研究所
早坂優子	『鑑賞のためのキリスト教美術辞典』 2011 年　視覚デザイン研究所
利倉隆	『天使の美術と物語』 1999 年　美術出版社
利倉隆	『悪魔の美術と物語』 1999 年　美術出版社
架神恭介	『「バカダークファンタジー」としての聖書入門』 2015 年　イースト・プレス
架神恭介	『仁義なきキリスト教史』 2014 年　筑摩書房
上村静	『旧約聖書と新約聖書　聖書とはなにか』 2011 年　新教出版社
バリー・J・バイツェル、船本弘毅監修	『地図と絵画で読む　聖書大百科』普及版　山崎正浩、他訳　2013 年　創元社
泉田昭、他編集	『新聖書辞典』新装版　2014 年　いのちのことば社
オットー・ヴィマー	『図説　聖人事典』 藤代幸一訳　2011 年　八坂書房
H・W・ジャンソン＆S・カウマン	『美術の歴史』木村重信、辻成史訳　1980 年　創元社
ジョルジョ・ボンサンティ	『アカデミア美術館　ガイドと全作品カタログ』 1996 年　ベコッチ＆スカーラ
成瀬治、他監修	『山川　世界史総合図録』 1994 年　山川出版社

杉全 美帆子（すぎまた　みほこ）

神奈川県生まれ。女子美術大学絵画科洋画卒業。
広告制作会社、広告代理店でグラフィックデザイナーとして働く。
2002年よりイタリアへ留学。
2008年アカデミア・ディ・フィレンツェを卒業。
著書に『イラストで読む　ルネサンスの巨匠たち』
『イラストで読む　レオナルド・ダ・ヴィンチ』
『イラストで読む　印象派の画家たち』
『イラストで読む　奇想の画家たち』
『イラストで読む　ギリシア神話の神々』
『イラストで読む　旧約聖書の物語と絵画』（以上河出書房新社刊）

杉全美帆子のイラストで読む美術シリーズ制作日誌
http://sugimatamihoko.cocolog-nifty.com/

装丁・本文デザイン　GRiD
イラスト　杉全美帆子

イラストで読む
新約聖書の物語と絵画

2021年10月20日 初版印刷
2021年10月30日 初版発行

著者　杉全美帆子

発行者 小野寺優
発行所 株式会社河出書房新社
〒151-0051 東京都渋谷区千駄ヶ谷2-32-2
電話 03-3404-8611（編集）
03-3404-1201（営業）
https://www.kawade.co.jp/

印刷・製本　三松堂株式会社
Printed in Japan　ISBN978-4-309-25674-0